# 营销革命 4.0
## 从传统到数字

[美] 菲利普·科特勒（Philip Kotler）
[印度尼西亚] 何麻温·卡塔加雅（Hermawan Kartajaya） 著
[印度尼西亚] 伊万·塞蒂亚万（Iwan Setiawan）

王赛 译

---

# MARKETING 4.0

MOVING FROM TRADITIONAL TO DIGITAL

---

图书在版编目（CIP）数据

营销革命4.0：从传统到数字 /（美）菲利普·科特勒（Philip Kotler），（印尼）何麻温·卡塔加雅（Hermawan Kartajaya），（印尼）伊万·塞蒂亚万（Iwan Setiawan）著；王赛译. —北京：机械工业出版社，2018.1（2024.12重印）

（科特勒营销系列）

书名原文：Marketing 4.0：Moving from Traditional to Digital

ISBN 978-7-111-58599-2

I. 营⋯ II.①菲⋯ ②何⋯ ③伊⋯ ④王⋯ III. 市场营销学 IV. F713.50

中国版本图书馆CIP数据核字（2017）第293255号

北京市版权局著作权合同登记　图字：01-2017-3095号。

Philip Kotler, Hermawan Kartajaya, Iwan Setiawan. Marketing 4.0：Moving from Traditional to Digital.

ISBN 978-1-119-34120-8

Copyright © 2017 by Philip Kotler, Hermawan Kartajaya, Iwan Setiawan.

This translation published under license. Authorized translation from the English language edition, Published by John Wiley & Sons. Simplified Chinese translation copyright © 2018 by China Machine Press.

No part of this book may be reproduced or transmitted in any form or by any means, electronic or mechanical, including photocopying, recording or any information storage and retrieval system,without permission, in writing, from the publisher. Copies of this book sold without a Wiley sticker on the cover are unauthorized and illegal.

All rights reserved.

本书中文简体字版由John Wiley & Sons公司授权机械工业出版社在全球独家出版发行。

未经出版者书面许可，不得以任何方式抄袭、复制或节录本书中的任何部分。

本书封底贴有John Wiley & Sons公司防伪标签，无标签者不得销售。

# 营销革命4.0：从传统到数字

出版发行：机械工业出版社（北京市西城区百万庄大街22号　邮政编码：100037）

责任编辑：宋学文　　　　　　　　　　　　责任校对：李秋荣

印　　刷：北京瑞禾彩色印刷有限公司　　　版　　次：2024年12月第1版第22次印刷

开　　本：170mm×242mm　1/16　　　　　印　　张：11.5

书　　号：ISBN 978-7-111-58599-2　　　　定　　价：69.00元

客服电话：（010）88361066　68326294

版权所有·侵权必究
封底无防伪标均为盗版

## 献　词

谨将此书献给未来的营销从业者和行为经济学家，愿你们在经济、社会、环境方面做出营销产业的贡献，服务于全人类和这个星球。

——菲利普·科特勒

谨将此书献给佐科·维多多总统，2010~2012年印度尼西亚政府年度营销人物和新希望（《时代》杂志2014年10月27日刊）。

——何麻温·卡塔加雅

谨将此书献给陪伴在我身边的"F因素"——我的家人、朋友和其他人，是你们让我变得更好。

——伊万·塞蒂亚万

## 赞 誉

"从营销1.0到营销4.0，每一次的营销升级，思维背后都是把营销作为市场增长战略的核心，这本书值得所有关注增长问题的CEO阅读。"

——曹虎

博士，科特勒咨询集团中国区总裁、合伙人

"科特勒作为营销的奠基人，再次升级自己的商业洞见，如果你不看，你极有可能被竞争对手拉下马！"

——王群

IBM莲花软件前中国区总经理

"当今世界的科技发展日新月异，每一次的变革都推动了下一次的浪潮。这样的环境下必须有基准和参照，才能帮助营销人员不断进步。营销4.0埋下了这项事业的第一根支柱，为试图创造并了解数字移动未来的人们设立了起点，带来了无价的财富。"

——霍华德·图尔曼

芝加哥创业企业孵化器CEO/1871

"互联网和人工智能为营销带来了翻天覆地的变化，而本书正是让你开眼看新时代营销的法宝。"

——赫尔曼·西蒙

西蒙顾和管理咨询公司创始人兼总裁

"没有人能像菲利普·科特勒一样，准确地把握市场的脉搏，他对于市场营销趋势及发展的敏锐嗅觉和解读让人瞠目结舌。科特勒和其他作者一起，再次用《营销革命4.0》为成功的营销开辟了新的道路。这是你今年不得不读的一本营销宝典。"

——凯文·莱恩·凯勒

塔克商学院 E.B. 奥斯本营销学教授

"科特勒等作者对当今的数字化、互动性市场和营销的新角色进行了完美的解读。"

——唐·舒尔茨

西北大学梅迪尔新闻学院整合营销传播学名誉退休教授

"菲利普·科特勒是现代营销学之父，没有人比他更适合来记录当今营销学领域发生的重大变革。未来的营销将会是数字化的，而这本书就是你的向导。"

——艾·里斯

《定位：争夺用户心智的战争》⊖作者

"随着营销的世界和数字变革间的联系愈发紧密，《营销革命4.0》为营销人员提供了令人眼前一亮的模式和详尽的案例。"

——奈马亚·库马尔

伦敦商学院营销学教授

---

⊖ 本书已由机械工业出版社出版。

"营销活动的挑战已经越过了地平线,而这本书正是一本绝佳的指导书,让不知所措的营销人员应对数字权力转交和掌握数字连通的机遇,并把它们转化为优势。"

——乔治 S. 戴

宾夕法尼亚大学沃顿商学院杰夫里 T. 比思名誉教授

"尽管已经从事营销顾问行业 40 年了,我仍时常被快速多样的变化震撼。因此我很高兴看到菲利普·科特勒大师能够继续为我们带来帮助。40 年前他写下了《营销革命 1.0》,如今他又带来了《营销革命 4.0》,指导我们迎接信息技术革命和消费者新的需求带来的变化。"

——沃特尔·维埃拉

作家、访问学者、前国际管理咨询协会理事会主席

# 目 录

献词

赞誉

致谢

序言　从营销3.0到营销4.0

译者序　营销4.0：数字化转型的第一战略

关于作者

关于译者

## 第一部分　营销发展的基本趋势

### 第1章　向客户群的权力转移 / 2

　　从独享到包容 / 4

　　从垂直到水平 / 8

　　从个体性到社会性 / 10

　　总结：水平、包容和社会性 / 12

### 第2章　向连通用户群营销时面临的悖论 / 13

　　解开连通性之谜 / 14

　　总结：营销与悖论 / 23

第 3 章　有影响力的数码亚文化群 / 24

年轻人：思想份额的增长 / 26

女性：市场份额的增长 / 29

网民：心灵份额的增长 / 31

总结：年轻人、女性、网民（YWN） / 34

第 4 章　数字经济的营销 4.0 / 35

从传统市场向数字市场转变 / 37

整合传统营销和数字营销 / 42

总结：重新定义数字经济的市场营销 / 43

# 第二部分　数字经济中营销的新框架

第 5 章　新的用户购买路径 / 46

理解人们如何购物：从 4A 到 5A / 47

从了解到拥护：O 区域（O3） / 54

总结：了解、吸引、问询、行动、拥护 / 57

第 6 章　营销生产力指标 / 59

介绍购买行动率和品牌推荐率 / 60

分解 PAR 和 BAR / 62

增加营销生产力 / 66

总结：购买行动率（PAR）和品牌推荐率（BAR） / 76

## 第 7 章　产业原型和最佳的营销手段 / 78

四大产业原型 / 79

四种模式的最佳营销手段 / 86

总结：学习不同的产业 / 89

# 第三部分　策略营销在数字经济中的应用

## 第 8 章　以人为本的营销，提高品牌吸引力 / 92

用数字人类学视角理解人类 / 93

打造人本品牌的六个属性 / 97

总结：当品牌有了人性 / 101

## 第 9 章　品牌内容营销，引发客户好奇心 / 103

内容是最新的广告，#标签是最新的标语 / 103

按部就班的内容营销 / 107

总结：用内容开展对话 / 117

## 第 10 章　多渠道营销，实现品牌承诺 / 118

多渠道营销的兴起 / 118

按部就班的多渠道营销 / 124

总结：整合最佳的线上和线下渠道 / 128

## 第 11 章　互动营销，赢得品牌亲和力 / 129

改善移动应用用户体验 / 130

提供社会化客户管理方案 / 133

用游戏化实现目的 / 137

总结：手机应用、社会化客户关系管理和游戏化 / 142

**结　语　准备好 WOW 惊叹吧** / 144

WOW 是什么 / 145

享受、体验、参与：WOW / 146

你准备好了吗 / 146

**索引** / 147

## 致 谢

《营销革命4.0》成书历时六年,这六年间,有很多人都为这本书做出了贡献。作者想感谢MarkPlus的WOW惊叹团队,感谢他们无数个日夜同作者们一起进行头脑风暴,成员包括尤萨诺娃·萨维特利、温蒂·钱德拉、塞西莉亚·赫尔曼多、凯文·莱昂纳德、昆西·沃恩索、艾德文·哈迪、艾德里安·胡迪奥、艾维塔·塔尼亚、莎布琳娜·安尼萨拉希伊珂、安德鲁·昂干达和法其里·普拉萨马。

还要感谢MarkPlus的领导理事会,感谢他们为这本书投入的思想和精力,成员包括迈克尔·赫马万、杰克·慕斯里、陶菲克、亨德拉·沃尔斯塔、薇薇·耶立哥、史蒂芬妮·赫马万等人。

最后,我们还想感谢威利的团队,有理查德·纳拉莫尔、蒂芙尼·科伦、乔思琳·怀特科斯基,是你们让《营销革命3.0》和《营销革命4.0》得以顺利面世。

## 序 言

### 从营销 3.0 到营销 4.0

过去的六年里,我们走遍世界,遇到的营销人员都表示想看到《营销革命 3.0》⊖的续集。面对着瞬息万变的营销市场,大家都希望有一本《营销革命 4.0》正在酝酿之中。

在《营销革命 3.0》一书中,我们讨论了从产品驱动的营销(1.0)到客户驱动的营销(2.0),再到人本营销(3.0)的转变。《营销革命 3.0》中,我们观察了客户地位逐渐转变成身心和精神完整的人的过程,因此,我们认为未来的市场一定是能够反映人的价值观的产品、服务和企业文化的天下。自《营销革命 3.0》2010 年问世以来,许多营销人员都把它当作行动指南,它在全球范围内被翻译成 24 种非英语版本,大受读者好评。

出版一周年时,我们在巴厘岛的乌布建起了营销 3.0 博物馆,这里要感谢乌布的三位公主——Tjokorda Gde Putra Sukawati、Tjokorda Gde Oka Sukawati 和 Tjokorda Gde Raka Sukawati 对博物馆建立工作的慷慨帮助。乌布是精神的圣地,的确是建立第一座营销博物馆的最佳地点。博物馆展示

---
⊖ 本书中文版已由机械工业出版社出版。

了那些富有人文精神的营销者、企业和营销活动的振奋人心的案例，采用了现代而先进的多屏幕展厅。近几年我们又用增强现实（AR）和虚拟现实（VR）等先进技术对图书馆进行了升级翻修。

《营销革命3.0》出版以来世界已经发生了翻天覆地的变化，尤其是科技上出现了巨大的革新。我们今天应用的技术算不上最新的，但它们在近些年完成了跨界的融合，而这种融合也大大影响了全世界的营销活动。共享经济、即时经济、多渠道整合、内容营销、社会关系管理等新的概念层出不穷。

我们认为这种技术的融合最终会促成数字营销和传统营销。在高科技的时代，人们期待着高度的接触；社会性越强，我们就越想要量身定制的内容。有了大数据的支持，产品会更加个性化，服务会更加定制化，数字经济的关键就是要处理这些悖论。

在数字经济的转型期，我们需要一种新的营销策略，因此我们引入了营销3.0发展的自然结果——营销4.0的概念。本书的大前提在于，营销应该适应消费者/客户的路径变化。营销人员的职责是引导客户完成从了解品牌到最终实现品牌拥护的全过程。

本书的第一部分基于我们对当今世界的研究。首先，我们要适应改变世界的三种权力转交，进而探索连通性对人类生活的改变。其次，我们还深入地研究了年轻人、女性和网民代表的数字亚文化群，因为他们将是未来客户群体的主力军。

第二部分是本书的核心部分，主要探讨了营销人员如何通过分析数字时代的客户路径改善生产力，包括一系列新的营销指标和营销实践的新方式。此外，我们还走进了几个关键产业，尝试将营销4.0的思维应用于这些领域。

第三部分对营销4.0的策略进行了详尽的分析。首先是人本营销，旨在打造有人文关怀的人性化品牌。其次，详细论述了内容营销对连接客户对话的作用。再次，我们还列举了为改善销售状况可以采取的多渠道营销方法。最后，我们探索了数字时代客户互动的概念。

营销4.0面对客户购买过程中方方面面的需求，提供了具有深度和广度的人本销售升级版方案。我们希望读者能从本书中获得启示和灵感，在未来与我们一起重新定义市场营销。

## 译者序

## 营销4.0：数字化转型的第一战略

最早听到营销4.0的概念是2013年在东京，当时菲利普·科特勒受到日本皇室的邀请，从2013年开始，连续三年，每年三天，为日本工商业的企业家和跨国公司的领导者展开关于市场营销战略的讨论。这场名为"科特勒世界营销峰会"（Kotler World Marketing Summit）的讨论，第一届从孟加拉国开始，到马来西亚，然后到日本，全是政府首脑鼎力支持，尤其在日本工商界取得了巨大的反响，以至于被其评价为第二次世界大战之后70年来，日本工商界第二次从顶层设计输入美国商业思想的浪潮——第一次是戴明博士的引入，革新了日本制造的质量管理；第二次就是这次科特勒的进入，输入"以市场为导向的战略思维"，希望再造日本企业的竞争力。

参加这个峰会的，除了营销学之父菲利普·科特勒，还有定位之父艾·里斯、品牌资产开创者大卫·艾克、整合营销传播之父唐·舒尔茨，论坛中这些营销战略咨询领域的泰山北斗辩论激烈，可谓"华山论剑"，其中大卫·艾克和艾·里斯，就"到底有没有公司品牌的问题"在台上争得面红耳赤。但在两点上，这些顶级大师观点高度一致——第一，营销，应该上升为 CEO 层面最重要的战略核心；第二，数字化时代的营销，与传统营销相比，是一种革命，是一种商业范式的转移，是诸多国家、企业、非营利组织"弯道超车"的转折性机会。

菲利普·科特勒开场的报告题目是"营销的进化"，他把市场的演进分为多个阶段，它们是：战后时期（20 世纪 50~60 年代）、高速增长期（20 世纪 60~70 年代）、市场动荡时期（20 世纪 70~80 年代）、市场混沌时代（20 世纪 80~90 年代）、一对一时期（20 世纪 90 年代~21 世纪 00 年代）、价值驱动时代（21 世纪 00 年代~10 年代）以及最近五年所产生的价值观与大数据时期（21 世纪 10 年代至今），这种分类方式是基于历史。于是他又提出了另一种基于逻辑的进化路径，这就是从营销 1.0 到营销 4.0。

简单来说，营销 1.0 就是工业化时代以产品为中心的营销，解决企业如何实现更好地"交易"的问题，功能诉求、差异化卖点成为帮助企业从产品到利润，实现马克思所言"惊险一跃"的核心。营销 2.0 是以消费者为导向的营销，不仅仅需要产品有功能差异，更需要企业向消费者诉求情感与形象，因此这个阶段出现了大量以品牌为核心的公司。营销 3.0 是以价值观驱动的营销，它把消费者从企业"捕捉的猎物"还原成"丰富的人"，是以人为本的营销。营销 4.0 以大数据、社群、价值观营销为基础，企业将营销的中心转移到如何与消费者积极互动、尊重消费者作为"主体"的价值观，让消费者更多地参与到营销价值的创造中来。在数字化连接的时代，洞察与满足这些连接点所代表的需求，帮助客户实现自我价值，就是营销 4.0 所需要面对和解决的问题，它是以价值观、连接、大数据、社区、新一代分析技术为基础所造就的。

第一届东京论坛到现在已近四年，科特勒和何麻温等把他们的这些商业洞见，结合科特勒在世界范围内所做的咨询案例，写成了今天这本书。四年之中，商业社会也不断变迁，如战国逐鹿，常有王者被拉下马，正如科特勒对我说的那句话——"市场变得比市场营销更快"（Market changes faster than Marketing）。数字化的时代，是一个洗牌、颠覆，也是一个"弯道超车"的时代，新的营销方式对原有的营销模式进行了升级，甚至是彻底重构。在这四年，中国和美国成了互联网领域的G2；这四年，跨界颠覆不断兴起，Uber最近市值超过了700亿美元，而三大汽车公司市值最高也就是600亿美元；也是这四年，我们很难定义什么第一产业、第二产业和第三产业，所有这些产业都可以用"数字+""互联网+"获得新的发展机遇，所以我一直说，未来可能只有"原生型互联网公司"和"再生型互联网公司"，前者如谷歌、BAT，后者如小米、摩拜；同样的，从这四年再往后看，数字化浪潮下，不仅是中国企业赶超原有世界级企业的重大机遇，也是新一代营销战略咨询顾问向全球输出洞见、理念和方法论的风口浪尖。我想，这就是数字化转型在中国企业界讨论如此之热的原因。

现在谈数字化转型，可以从组织谈，可以从企业文化谈，但是真正最值得落地的是市场战略，是营销。为什么？因为市场战略和营销直接定义了客户与企业的接触面，直接定义了价值，其他的转型模式都是来支持客户体验和客户价值的。这也是近三年来科特勒咨询顾问团队碰到的一个企业转型现实——不从营销入手做数字化转型，数字战略要么变成了"互联网思维",找不到落地的实施步骤,要么变成了"数字工具使用集合",找不到整体战略蓝图。好的战略,应该"上得去,拆得开,落得下"。

在菲利普·科特勒和何麻温等写这本书的同时,他们劝服印度尼西亚总统支持,在巴厘岛的乌布皇宫边上,在古建筑群里开辟出世界上第一个营销战略博物馆。博物馆中珍藏了大量关于营销的书籍与影音资料,值得我重点提出的是,专门为博物馆录制这些视频的对象,包括故去的乔布斯,还有现在的比尔·盖茨、扎克伯格、布兰森等,清一色全是顶级 CEO。在菲利普·科特勒眼中,营销不是一项职能,而是一种以客户为导向的市场战略,是 CEO 应该具备的第一思维。在今天的数字化浪潮下,连接、消费者比特化、客户参与,基于数据的策略动态调整,这些元素使得以客户为导向的市场战略更必要、更鲜活、更易于落地。传统时代下公司的所谓战略,只能叫作规划,多为自说自话,有点像企业内部的计划经济,这才是多数企业战略失效的本质原因,用规划取代了战略;营销、市场战略不一样,它是真正的战略,这也是我近两年在中国企业家圈反复提示的——请把营销作为数字化转型的第一战略。

感谢科特勒以及机械工业出版社的信任,让我翻译你眼前看到的这本书,祝阅读愉快,更愿你知行合一。他山之石,可以攻玉。

王赛

科特勒咨询(中国区)管理合伙人

## 关于作者

**菲利普·科特勒**，美国西北大学凯洛格管理学院国际市场学 S. C. 强生荣誉教授，被誉为"现代营销学之父"。他被《华尔街日报》誉为"六位最有影响力的商业思想家"之一，所获奖项和荣誉众多，蜚声国际。他获得芝加哥大学经济学硕士和麻省理工学院（MIT）经济学博士学位。其著作被翻译成 25 种语言，是国际论坛的座上宾，国际影响力十分深远。

**何麻温·卡塔加雅**，MarkPlus 营销公司（www.markplusinc.com）创始人兼首席执行官，获评英国特许营销协会"奠定未来营销业的 50 位哲人"。于内布拉斯加大学林肯分校获泛太平洋商业协会颁发的杰出全球领袖奖。现任亚洲小企业理事会主席，该组织是国际小企业理事会的亚洲分支，同时他还是亚洲市场营销联盟的联合创始人之一。

**伊万·塞蒂亚万**，MarkPlus 营销公司的首席运营官，主要负责企业定制营销战略。他擅长写作与演讲，同时是 *Marketeers* 杂志的首席编辑，获西北大学凯洛格管理学院的工商管理学硕士学位和印度尼西亚大学工程学硕士学位。

## 关于译者

王赛博士,科特勒咨询集团(KMG)中国区合伙人,主管科特勒咨询的数字化市场战略咨询业务,为《财富》500强与创新型公司的CEO提供深度的市场战略决策服务,被科特勒称为"数字时代CEO应拜访的战略顾问"。王博士是巴黎大学(九大多菲纳)博士,并曾在哈佛商学院、巴黎HEC商学院进修,担任多家公司董事和大型集团公司CEO顾问,著有经管类畅销书《数字时代的营销战略》《首席增长官:从CMO到CGO》。他还是一位环球旅行者。

第一部分

# 营销发展的基本趋势

## 第 1 章

# 向客户群的权力转移

从垂直、独享、个体性到水平、包容、社会性

查理·弗罗斯特是一位阴谋论者,他坚信 2012 年将会是人类文明的末日。而在 2009 年,一群地质学家的发现表明查理的看法存在一定可能性,他们发现地核将随时爆炸,带来毁灭性的灾难。因此世界领袖聚首并决定建造一艘"诺亚方舟"一样的巨轮,拯救一部分精英,希望他们能延续并再创人类文明。

该故事取材于电影《2012》,尽管纯属虚构,但电影中的许多场景正发生在世界上的每个角落。电影展示了政治、经济、社会文化和宗教这些传统的文明标准被一一击碎,被全新的、更为平等、包容的社会准则代替的过程;呈现了西方列强不得不抛弃分歧,携手面临挑战,甚至依赖中国建造巨轮的情景。这艘末日巨轮也象征着新世界的到来,在这个世界中人们将不

再受地理和人群限制，与彼此紧密地联系在一起。

我们今天的世界与过去截然不同，世界格局发生了翻天覆地的变化。因特网在为人类生活带来联系和便利的同时，也极大地促进了这种权力转移。

我们见证了包容理念将专制强国赶下神坛的过程：由传统专制强国构成的七国集团（G7）无法依靠自身解决金融危机，只能引入中国、印度、印度尼西亚等国组成20国集团（G20）寻求帮助。经济话语权变得更为分散，大型企业发现闭门造车无法带来创新，所以微软和亚马逊等企业会选择收购Skype、美捷步（Zappos）等创新能力较强的小企业。比尔·盖茨和马克·扎克伯格这样的亿万富翁也意识到经济包容性的重要，分别通过比尔及梅琳达·盖茨基金会和"启动：教育"组织（"陈-扎克伯格倡议"的一部分）捐赠并帮助穷人。

我们同样见证了垂直的权力结构被平权理念稀释的过程。举例来说，"脸书（Facebook）合众国"已经成为拥有16.5亿人口的第一"大国"。过去人们会调到美国有线电视新闻网（CNN）这样的电视频道了解即时新闻，而现在打开推特，就有无数的"公民记者"带来的新鲜报道。同样，YouTube也迅速取代了好莱坞过去的地位，《综艺》（*Variety*）杂志的一项调查显示，相比于好莱坞明星，13~18岁的人群对YouTube名人更耳熟能详。娱乐巨头索尼与YouTube的联手更表明了平行内容无法被垂直内容阻碍。

权力的转移也影响了人们。如今的权力不再只属于个人，更属于社会群体。独裁政府被无名的人民群众碾过；华尔街金融家的地位被"占领华尔街"运动撼动；抵抗埃博拉病毒的斗士代替美国总统贝拉克·奥巴马和印度总理纳伦德拉·莫迪，被选为2014年《时代》杂志年度人物。

这些变化深远地影响着当今世界，使水平、包容、社会的力量战胜垂直、独享、个人的力量，从而让客户社区变得愈发重要。用户不再惧怕大公司和大品牌，他们敢于发声，愿意分享与品牌有关的种种故事。

如今，有关品牌的闲谈远比精准的广告宣传更为可信。社交圈子接过了外部营销交流和个人喜好的"火炬"，成为影响力的主要来源。用户在选择品牌时倾向于听取朋友的经验，好像在建起一座社交圈子筑成的堡垒，免受虚假品牌宣传和营销手段的欺骗。

## 从独享到包容

把独享当作目标的日子已经一去不复返了，包容性才是商品游戏的新主题。宏观上看，世界从寡头霸权向多极分立演变，使得欧盟和美国等超级势力意识到，有部分经济话语权正在流向世界各地，尤其是近些年发展迅猛的亚洲地区。诚然西方强权仍然举足轻重，但权力的天平正在逐渐向其他国家倾斜。经济权力不再集中在少数人手中，而是更均衡地分布着。

这种经济转移通常是由于新兴市场人口特征的变化，呈现出更年轻、更高产、收入更高的特征。这种变化会催生巨大的产品和服务需求，进而促进经济增长。但近期数据表明，人口特征变化可能不是唯一的原因。

新兴市场在创新方面也正在迈向正轨：近期由罗伯特·利坦收集的数据表明美国的创新力正在衰弱。新兴企业如今只占全美企业总数的8%；而在30年前，这一数字接近15%。在利坦收集的数据中，破产企业的数量超过了新兴的企业。

而亚洲的步调恰恰相反：据经合组织（OECD）称，到2019年，中国在创新领域的相关开支将超过欧盟和美国；2012年韩国成为世界上创新力度最大的国家，其研发经费占GDP的4%。

随着经济话语权的减少，西方世界的政治影响力也在衰退。过去影响力显著的军事实力正逐步被经济援助和外交手段等"软手腕"代替。

而商业本身也在向包容方向发展。技术的发展实现了自动化和微型化，降低了生产成本，使企业能服务于新兴市场。各行业的破坏性创新为过去被视为"没有市场"的穷人们带来了廉价简便的商品。过去被视为特权的产品服务如今在世界市场随处可见，比如说仅售2 000美元的塔塔（Tata）Nano车和由亚拉文（Aravind）眼科医疗系统提供的仅花16美元的白内障手术。

　　反过来也一样行得通，新的产品可以通过反向创新获得发展并首先进入新兴市场，接着再销往世界各地。开发产品时，节约降低成本的理念已成为产品差异化的新源泉。通用电气公司的 Mac 400 就是一个众所周知的例子，作为一款使用电池的可移动心电图机器，它的设计目的是服务于印度的农村人口。而在其他市场时，它的核心卖点就是便携性。

　　互联网带来的透明性使得新兴国家的创业者从发达国家的创业者那里获取经验和灵感，并通过本地化执行打造有区别的克隆产业。比如受亚马逊启发的印度的 Flipkart，受 Groupon 启发的印度尼西亚的 Disdus，受优步启发的马来西亚的 Grab。这些国家的用户无须等待美国企业跨洋扎营，就能享受到相似的服务。

　　产业之间的城墙正在消解，跨产业或多产业合作方兴未艾，各行各业既可以选择彼此竞争，也可以群策群力。多数情况下，它们都选择了合作。

　　许多医疗中心正在同旅游机构合作，以达到医疗卫生和度假产业的利润最大化。2013 年约有 1 100 万名英国跨国行患者进行了医疗旅游。在哥斯达黎加修修牙，在马来西亚做心脏手术，在巴西做整容手术，都是当下流行的医疗之旅选择。

　　在预付移动电话使用度较高的一些新兴市场中，电信部门同金融服务机构展开合作，为服务和商品提供支付渠道。这一合作有个著名的例子,即来自肯尼亚的M-Pesa,一家移动支付服务商。

在特定的产业中,产业的分支也越来越紧密交织。在金融服务领域,用以区分储蓄、理财、保险、基金管理和其他分支的界限将会消失,这就要求金融机构必须找到新的区分方式。行业的垂直整合会创造从原料供应到生产和分配扮演多重身份的企业,大大增加区分企业活跃环节的难度。

而从微观角度看,人类也在接受社会包容,社会包容不是相似,而是和而不同。在网络中,社交媒体重新定义了人们交互的方式,让人们不再受地理和人口的限制而建立社交关系。社交媒体的影响不止如此,它更大大促进了全球范围的创新合作。我们可以把维基百科看作众志堆成的长城,把InnoCentive看作研发挑战的广播台和求助站。事实上,所有依靠群众智慧的社交媒体都是社会包容性的最好佐证。社交媒体促进社会包容,让人们产生社区的归属感。

社会包容不仅发生在网络中,也体现在现实世界里。"包容城市"秉持着广纳各种市民的概念,常被视为可持续城市的范例。与社交媒体的理念相同,包容城市的理念强调的是城市欢迎常被遗落的少数群体,接纳他们,这对城市建设大有裨益。社会包容可以体现在贸易公平、就业公平和女性平权。这些内容能使人类跨越性别、种族、经济状况的界限。类似美体小铺(Body Shop)的品牌通过传达"支持社区交易"的理念和开发"停止家庭暴力"这样的项目,实现了对社会包容的践行。

## 从垂直到水平

全球化搭建了公平竞争的绿茵场,企业的竞争力将不再取决于企业规模、所在国家和历史优势。小型、新兴的本土企业有机会和大型、老牌的国际企业角力。最后,没有企业能绝对压倒对方,相反,如果企业能同用户社区和合作伙伴共同创造价值,同竞争对手协同市场平衡,就能具有更大的竞争力。

过去从企业到市场的垂直化创新流如今变得更为水平化。在过去,企业相信内部才能产生创新,因而着力打造研发基础设施。直到后来它们才意识到内部创新带来的变化远不足以让它们跟上日新月异的市场。举例来说,宝洁早在2000年新产品销量放缓时就明白了这一道理,并随后将其研发模式转变成为联发(联合发展)模式。这种横向的模式依赖于外部资源提供想法,并用宝洁内部的力量商业化外部资源。而它的对手联合利华也通过对外部创新经济系统进行资本化,走上了与宝洁一样的道路。在今天,创新是横向水平的,由市场提供创意,企业将创意商业化。

同时,竞争的理念也从垂直变为水平,这其中技术是主要因素。克里斯·安德森的"长尾理论"在今天再准确不过了。

市场偏好从高流量的主流品牌，向低流量但可以盈利的品牌转移。得益于互联网，小企业和品牌在实际操作时将不再受限于物流的困难。

如今，这种包容性使得企业能够进入过去无法涉足的行业，这为企业发展带来了诸多机遇，但也带来了显著的竞争危机。由于行业间的界限正逐渐模糊，企业想要跟上同行的步伐就必须面对挑战。未来的竞争者来自行业内部，也来自其他相关的行业。几年前，出租车公司和连锁旅店可能很难想象，它们不得不与提供私人专车的优步和提供寄宿服务的Airbnb这样的技术创业公司竞争乘客和租客。想要定位潜在的对手，企业应从用户的目标出发，并考虑到用户达成目标可以选择的替代商品。

企业也应该关注本国市场外的竞争对手，而这些对手往往不再只是跨国公司，近些年我们见证了许多小米和OPPO这样的，来自新兴市场的企业的崛起，这些企业依靠创新在本国市场的竞争中脱颖而出。它们通过线上营销的方式，实现了用更低的价格提供与主流产品质量相仿的产品的目标。这些企业高度创新，适应能力较强，具备了进军国际市场的各种要素。

用户信赖度的概念也从垂直变为了水平。过去的用户容易受到市场营销活动的影响，也愿意听取专家和内行的意见。但近些年对于各行各业的调查表明，相比于市场问询，大部分用户更愿意相信"F因素"，即朋友、家人、脸书粉丝、推特关注者。很多人在社交媒体上向陌生人求助，并采纳获得的建议，而较少依赖广告宣传和专家意见。近些年，这种趋势促进了猫途鹰（TripAdvisor）和 Yelp 等公共评价体系的蓬勃发展。

在这种背景下，品牌不应再只把客户视为目标群体。过去企业常常通过广告或娱乐媒体频道宣传自己的产品，有的企业甚至塑造了有些虚幻的特色来让自己脱颖而出，美化品牌。这使得品牌拥有过分的外部包装，其真实价值被虚假地放大。这条路已经走不通了，有了社区的帮忙，客户可以提防盯着他们钱包的劣质品牌。

品牌与客户间的关系也应该变得更为水平化而非垂直化。客户应该货比三家，而品牌应该展示真实的品牌内核和品牌价值，只有这样才能赢得用户的信赖。

## 从个体性到社会性

客户在选购商品时，主要会根据个人喜好和社会从众心理，两种因素的权重因人而异，也因行业和商品类型而异。

今天的世界有着很高的连通性，这使得社会从众心理的权重逐渐增加。客户越来越重视他人的意见，分享意见并整合彼此的意见。客户共同描绘了企业和品牌的形象，且这种形象往往与企业和品牌的构想大相径庭。互联网，尤其是社交媒体，提供了这种转移所需的平台和工具。

这种趋势还将继续，事实上地球上的人们很快就会实现真正的互联互通，而帮助网络落后群体的方案是廉价的智能手机而非廉价的平板电脑。据通用移动通信系统（UMTS）论坛估算，2010~2020年的10年间移动数据流量将增加33倍。有了这样的连通性，市场行为将焕然一新。举例来说，在许多国家使用移动电话比较价格和评价的店内搜索功能方兴未艾，移动互联使得用户可以群策群力，更好地选购商品。

在这种环境下，用户更愿意听取社会意见，事实上，多数的个人选购决定将必然是社会性的。用户彼此交流品牌和企业心得，从营销传播的角度看，用户不再是被动的目标而是传播产品信息的活跃媒体。作为美妆产品的知名品牌，丝芙兰积极探索将社区整合入其媒体的方式，建立社交媒体社区，把用户社区内容整合进 Beauty Talk 平台。如今这已成为用户咨询他人意见、采纳社群智慧的备受信赖的媒介。

迎接潮流并不容易。企业过去对营销传播有着主导权，能把用户的意见分流处理。而有了社区生产的内容，企业就失去了对话的主导权，限制内容则会削弱可信度。企业必须时刻准备迎接出现问题时社会上的各种抵制的声音。

话虽如此，信誉良好、宣传真实的企业和品牌大可不必过分担心。但依靠虚假宣传且产品质量低劣的企业和品牌必然会消失，在一个透明的数字化世界中，想要掩盖污点、分流用户反馈是绝不可能的。

### 总结：水平、包容和社会性

市场营销人员应该顺应企业模式向水平性、包容性和社会性的转变。市场的包容性越来越强，社交媒体打破了地理和人群的界限，使人们互联互通，使企业合作创新。用户的选择越来越水平化，他们对待品牌市场营销的态度愈发谨慎，更多地依赖"F因素"（朋友、家人、粉丝、关注者）。最后，用户的选购过程比过去更加社群化，在选购时他们更为关注社交圈子提供的意见，从线上和线下两种渠道综合他人的建议和评价。

### 反思和问题

- 在商业模式向水平、包容、社会性转变的过程中，你所在的行业具体的趋势是怎样的？
- 你将如何适应这些市场变化？

# 第 2 章

# 向连通用户群营销时面临的悖论

线上交互 vs. 线下交互
见多识广的消费者 vs. 应接不暇的消费者
负面拥护 vs. 正面拥护

    我们一直深信营销这个词应该在市场的基础上才能进行，这种英文中的写法（market-ing）也提醒着我们，营销就是与瞬息万变的市场角力，以及我们只有了解了近些年市场的变化，才能更好地了解顶尖的营销策略。

    线索与趋势就摆在我们面前：拥有强大流动性和连通性的年轻城市中产阶级，作为用户和客户群体的生力军正在迅速壮大，并将在不远的将来成为主流。在成熟市场面对客户老龄化的问题时，新兴市场却享受着多产多金的年轻人带来的红利。这些人不仅年轻，而且正在向城市地区迅速迁移，迎接都市的生活。他们多为中产阶级或者中产以上，有着可观的可支配收入。从更低水平的社会地位和经济状态来到都市后，年轻人都希望实现更宏伟的目标，体验更好的事物，效仿上层人士的行为，这些特点都使得他们成为营销者眼中的"肥肉"。

但是真正使这种新的用户区别于以往其他市场用户的，是他们极大的流动性。他们到处旅行，上下班通勤，生活节奏也很快，对他们来说，一切都该是即时的且省时的。在电视上看到喜欢的东西，他们会在移动设备上搜索出来；想要在门店买点什么，他们会在网上比较价格和质量。作为数字时代的原住民，他们能在任何时间和地点，用一系列不同设备，做出各种各样的购买决定。他们是网络通，但却喜欢亲身体验事物。在与品牌接触时，他们倾向于高接触度、个性化的交流；他们也有很强的社会性，彼此交流，相互信赖。实际上，相比于企业和品牌，他们更相信自己的朋友、家人和关系网。简而言之，他们是高度连通的。

## 解开连通性之谜

连通性可以说是营销历史中最重要的一个制胜法宝了。诚然，我们不能再将它视作一个热词了，但它确实改变了营销的方方面面，且丝毫没有减弱的迹象。

这种连通性让我们开始质疑许多主流理论和设想中有关用户、产品、品牌管理的观点。连通性大大减少了企业、员工、渠道伙伴、用户等参与者彼此交互的成本，并进而降低了进入新市场的门槛，使产品协同发展，缩短品牌塑造周期。

连通性迅速打破老牌产业的高门槛的例子屡见不鲜。亚马逊相继扰乱了实体书店和印刷产业的秩序。同样，网飞（Netflix）也夺走了实体影像租赁店的市场，并与Hulu（美国视频网站）一起，动摇了卫星电视和有线电视的地位。还有Spotify和苹果音乐都改变了音乐销售的规则。

连通性也改变了我们看待竞争和客户的方式。在今天，联合竞争者与客户共创辉煌成为成功的核心要旨。竞争不再是零和的游戏，用户也不再只是企业市场划分、确定和定位过程中的被动接受者。连通性加速了市场动态的进化，使企业最终无法依靠自身资源孤军奋战，而必须面对一个现实，即想要取胜，就必须多方联合，甚至让消费者参与进来。

宝洁"联系＋发展"的战略所取得的成功证明了这一点。宝洁没有选择保护曾是它竞争优势的纺必适的品牌权益，而是注册了新的产品分类商标。Kaz和必胜（Bissell）等合伙企业装上了霍尼韦尔公司的香薰风扇，抛弃了纺必适品牌的真空过滤器。

尽管连通性有着如此重要的影响，它却总被营销人员低估，仅仅被看作一种技术的应用，而这种片面的观点往往会误导他们。在战略布局时，许多营销人员仅仅将连通性视为支撑全局的平台和基础，只有更为全面地看待连通性才能避免这种陷阱。尽管连通性的确被技术——"屏幕技术和互联网"所主导，但其战略意义远远不止于此。

谷歌近期的一项调查显示，人们与媒体 90% 的交互现在是透过各种屏幕进行的，这些屏幕包括智能手机、平板、笔记本电脑、电视的屏幕。我们每天花费在各种屏幕前的娱乐时间超过四个小时，其重要性不言而喻。而在以屏幕为基础的交互活动中，互联网一直是中枢支柱。从 2000 年到 2014 年之间全球网络流量增加了 30 倍，使全世界 40% 的人口有网可上。据思科（Cisco）公司预测，到 2019 年，全球网络流量会再涨十番，互相连通的移动设备超过 110 亿台。

这种高度的连通性使得客户的行为发生了变化，大多数客户在实体店购物时，会选择在网上比价和了解产品。谷歌的研究表明美国 80% 的智能手机用户在店内购物时做了产品搜索。在印度尼西亚，就算看电视时，也会有一半以上的观众用手机搜索商品信息。这种趋势正在席卷全球。

互联网的衍生产品使得商品变得更为透明化，推特和 Instagram 等社交媒体让用户可以分享体验，进而刺激相同或更低消费水平的人模仿或追求类似的体验。猫途鹰（TripAdvisor）和 Yelp 这样的社区评分网站让客户能参照他人意见，有选择地购物。

因此，想要接受高度连通的格局，我们必须全面整体地看待它。尽管通过移动设备实现的移动互联很重要，这种互联往往还停留在很初级的状态，这时的互联网还只是交互的基础设施。下一层次是实验性互联,这时互联网将变成用户和品牌之间,用于提高用户体验的触点。这一阶段我们将无须再关注连通性的广度而应关注它的深度。最终层次是社会互联,它代表着用户群的高度互联。

由于互联性与青年人的联系紧密,它常常被视作为年轻用户量身定制的内容。因此许多营销人员所做的"连通营销"并没有考虑它是否适合整体营销计划,而只是单一的青年战略。诚然,身为数字原生代,年轻一代是最先接触这种连通时代的人群,但他们也能鼓励年长的人适应这种连通性。此外,随着世界人口年龄的自然增长,数字原生代将很快成为主力,连通性也终将成为常态。

连通性的重要性终将超过技术和人口力量,因为它改变的是营销的根本——市场本身。

## 悖论 1:线上交互 vs. 线下交互

连通性对于线上和线下商务的影响仍然有着千丝万缕的关系。尽管近些年线上商务在市场上占尽了先机,但我们不认为它会就此完全取代线下商务,也不相信线上市场的热浪会最终取代线下市场的传承。实际上,我们相信两者只有共存,才会带来最佳的用户体验。

这是因为在高科技迅速发展的世界中,高接触服务正成为新的区别点。Birchbox 是一家线上销售为主的美妆零售商,如今它也选择开拓实体店，完善品牌业务范围。效仿其线上定制化的产品推荐功能，实体店中也提供 iPad 为客户定制服务。Zappos 是一家线上鞋服零售商，其成功的秘诀之一就是私人化的客服中心。线上买鞋对很多人来说可能很难，但客服热线的私人化咨询能大大减少决策的负担。美国银行的快速服务中心也是一个例子，当用户通过这些中心的 ATM 机进行交易时，会有专门的出纳人员通过视频聊天协助用户。这种服务结合了 ATM 机的便捷性和接触服务的个性化。即使是亚马逊这样的巨头也推出了 Dash 一键购买设备，让用户只需轻轻一按门铃大小的按钮，就能补充咖啡和洗涤剂等日常家居用品，这是亚马逊早期力图连接咖啡机和洗衣机等线下设备的"物联网"的又一尝试。

另一方面，高科技的界面也能进一步巩固高接触服务的地位，使其更具说服力。梅西百货的购物灯（shopBeacon）设备就是一个例子，通过将苹果的 iBeacon 安装在梅西百货店的各个位置，客户能在商场购物时了解到适合自己的商品。路过某一地点时，客户将在自己的苹果手机上通过应用收到购物车清单、打折优惠信息、礼品推荐等提醒和推送。随着交易记录的累积，用户收到的推送信息将变得更加定制化。还有一个例子是约翰-路易斯百货的沙发工坊，它为客户提供缩小版的 3D 打印沙发模型，使客户通过在屏幕前选择沙发模型和布料的组合，预览沙发的最终形态。这种服务为挑选沙发款式和布料的用户提供了一种趣味十足的体验。

事实上，线上和线下的世界最后将共存并联合。技术的手触及了网络空间，也伸入了线下的现实世界，为实现线上－线下的最终整合提供了可能。近场通讯（NFC）和基于定位的iBeason等传感器技术，提供了更有价值的客户信息。大数据分析所提供的个性化服务，可以用于吸引新客户。这些为互联网兴起之前的传统接触方式提供了补充。

传统媒体与现代媒体，如电视和社交媒体，在营销沟通方面将互为补充。许多人会在推特上了解重大新闻，但也会打开电视调到CNN频道，听听更真实深入的报道。另一方面，看电视往往引发人们拿起手机上网：比如说人们往往是在电视上看了一部电影，才会在网上搜索资源再看一遍，同样电视广告也能促使人们在网上购物。

新用户的角色使我们意识到，未来的营销关键是在用户间打造无缝衔接的线上和线下体验。品牌初期打开市场，扩大知名度的方法有：基于数据调查的营销传播、用户经验分享、亲友推荐等线上线下的手段。用户则通过产品搜索和其他用户的反馈在线上线下跟进品牌动态，当他们想要购买时，就可以同时享受到人机和人人交互的服务。有过购买经历的客户又会推荐其他没有购买过的客户。这整个过程都有全程记录，从而推进分析引擎的完善。

在高度互通互联的当今世界，品牌和企业面对的关键挑战之一，是如何将线上线下资源有机整合成良好的用户体验。

## 悖论 2：见多识广的消费者 vs. 应接不暇的消费者

我们都认为在当今市场，客户站在权力金字塔的顶端。可以说，大多数的用户对品牌信息的检索都十分频繁，其购物选择都有一定的根据。但即使他们有着很高的购物热情和信息储备，也仍然无法独自决定他们所想购买的产品。

在选购时，客户必定要受到三个因素的影响：第一就是通过电视广告、广告传单、公共关系等媒介进行的营销传播；第二是家人和朋友的意见；第三是他们个人基于过去的品牌体验形成的个人态度和想法。

事实上，当今世界的客户十分依赖他人的意见，许多时候，他人的意见往往远比个人喜好和市场营销重要得多，其原因正是连通性的存在。

往好的方面说，连通性为客户带来保护和信心，因为在他们看来，他们的朋友圈和家人能使他们远离较差的品牌和企业。但这种连通性再加上让人应接不暇的设备和屏幕，也让人分心，使客户无法关注自身需求，产生选择困难。因此，许多客户决定依赖群众智慧做决定。再加上客户对广告的信赖不高，可以用来比质量比价格的时间有限，这种想法就更加坚定了。另外，咨询他人的便利性更是增加了他人意见在决策时的权重。

未来客户的特征就是如此，相互联系却难以集中注意力。美国国家生物技术信息中心的研究表明，人类的平均注意力时间从 2000 年的 12 秒降至 2013 年的 8 秒，这很大程度上是由于不断通过移动互联设备推送的海量信息分散了我们的即时注意力。

未来的营销者要面对两方面的挑战。第一，他们必须赢得用户的关注。而不论是只有30秒做广告的品牌创意人员还是只有30秒进行电梯演讲的销售，想要让用户不换台、听进去都十分困难，而且将来会更难。用户注意力往往不够用，这时只有那些有惊叹（WOW！）因素的品牌才值得他们关注和支持。第二，营销人员需要在客户社群中构建对话，尽管他们并不能控制对话的成效。营销需要保证的是，当有人问起一个品牌怎么样时，会有忠实的拥护者为这个品牌说好话。

### 悖论3：负面拥护 vs. 正面拥护

高度的连通性使得用户表达的意见可以被其他用户听到，同时也改变了他们的思维方式，让他们意识到陌生人的建议可能比品牌的明星代言更可靠。因此，连通性为用户拥护品牌创造了良好的环境。

"拥护"在营销中早已不算一个新概念了，它又被称为"口碑"，在过去的一个世纪里成为"客户忠诚度"的代名词。忠于某一品牌的用户愿意为该品牌宣传背书并把它推荐给亲友。

品牌拥护最著名的指标之一就是弗雷德里克·赖克霍德（Frederick Reichheld）所创立的净推荐值，他认为根据用户对品牌的态度，可以把用户分成三类：推荐品牌的"推荐者"，态度中立的"被动者",不会推荐品牌的"批评者"。净推荐值等于推荐者的比重减去批评者的比重,这一标准的关键是负面口碑会损害正面口碑的积极影响。

尽管这种方法在衡量品牌忠诚度时十分有效,但其单一的加减法可能会遗漏一些重要的因素。坚持品牌理念,持续追求品牌目标,就必定会导致客户两极化,有的人喜欢有的人讨厌。但从连通性的角度来看,负面的口碑也许不见得是坏事。事实上,有时候品牌需要负面口碑才能激发粉丝群体的正面拥护。很多例子都表明,没有人说坏话的话,那些品牌的粉丝可能会一直沉默下去。

品牌拥护既可以像品牌认知一样是自发性的,也可以通过手段促进。自发的品牌拥护指客户无须刺激和问询,积极主动地推荐特定品牌的过程。而现实中这种情况很稀少,能做到的往往是忠实的核心粉丝。另一种拥护就是推广下的拥护,是他人推荐下产生的行为。尽管这种情况很常见,但却不活跃。即使品牌有着很强的这种拥护支持,也需要用户咨询和负面口碑的诱发才能激活。

诚然,我们必须处理好拥护者和恶评者之间的平衡。但对大的品牌来说,拥护者不用一定比差评者多很多。舆观品牌指数展示了一个有趣的现象:麦当劳有33%的推荐者和29%的批评者,数量基本持平,星巴克的差距也不大,分别是30%和23%。按照净推荐值的标准来看,这两大餐饮界的巨头得分都不高。但换个角度看，有了批评的"恶人"群体，拥护者才会站出来维护麦当劳和星巴克。品牌没有了正面拥护和负面拥护任何一方都会显得无聊且缺乏参与性。

任何特色鲜明，基因独特的品牌都可能会不受某些人群的欢迎。但这些品牌应该关注的是它们最终的销售对象：一支愿意抵抗差评者的粉丝大军。

### 总结：营销与悖论

变化的市场背景为营销人员带来了一系列的悖论，其中之一是线上与线下交互的悖论。两者共存互补，共同服务于改善用户体验的目标。另一个悖论在于用户信息的丰富和注意力的分散之间的矛盾。连通性带给客户丰富的产品信息，但也使他们更加依赖他人的意见，这些意见常常比个人喜好更重要。最后，连通性带来了使品牌赢得良好口碑和正面拥护的巨大机遇，但也伴随负面的评价。而负面口碑往往激发了正面的拥护，这使得它的存在也不见得是坏事。

### 反思与问题

- 你所在的行业有哪些抓住用户矛盾点的案例？
- 你将如何迎接这些悖论的挑战？

# 第 3 章

# 有影响力的数码亚文化群

年轻人的思想份额
女性的市场份额
网民的心灵份额

谈到数码世界的品牌拥护，不是所有的客户都能感同身受。有的人买东西靠的是个人喜好和广告里的所见所闻，所以这种拥护特性对他们来说没什么用处。此外，他们也不向他人分享自己的经验。另一种人则更愿意咨询他人或者给出意见，所以他们更可能成为品牌的忠实拥护者。

企业想要获得更多的支持，就应该把赌注压在 YWN（年轻人、女性和网民）群体上。而有关这三个群体各自的许多问题都一直是研究和探索的热点。就规模而言，这三种群体都是有巨大盈利潜力的。因此，有关的营销手段都是为这几种特定群体量身打造的。但其实格局可以更大，因为这三种群体之间存在着一种联系：他们都是数码时代最具影响力的群体。

有个事实并不奇怪,那就是亚文化群体——像角色扮演者(cosplayer)、自学者、黑客这样的不同于主流文化准则和信仰的群体——主要源于 YWN 群体。在世界上的许多地方,他们被认为是少数和边缘人士。过去的权威和权力属于长者、男性和市民,因为这一群体的收入和购买力都相对更高。但随着时间推移,YWN 群体变得愈发重要且有影响力。事实上,YWN 群体所代表的亚文化已经在影响主流文化了,这得益于他们更为广阔的社群、朋友和家庭网络。

举例来说,年轻人引领潮流,尤其是在流行文化领域中,音乐、电影、运动、美食、时尚、技术一样不落。年长的人往往没有时间和精力去领略瞬息万变的流行文化,而只能跟随潮流,依靠年轻人的推荐。年轻的消费者往往最先尝试新产品,也因此是营销人员的第一批目标。年轻人要是能接受某种新产品,这产品就通常能在主流市场获得成功。

许多国家的家庭妇女就像是家里的财务部长一样,在添置商品、购买服务时,女性的话语权往往更大。这是因为大多数女性有着仔细调查、寻找最佳选择的耐心和兴趣,而这一点大多数男人都觉得没用,或者觉得麻烦。因此,女性是营销人员想要推销家用产品和服务时需要通过的第一道关卡。

网民,又称网络公民,也有着相当的影响力。作为数字原生代,他们与他人线上交流和分享信息都轻车熟路。就算他们分享的不见得都是有效信息,活动不见得都有产出,他们仍然是聪明顾客的代表群体。他们畅所欲言有关品牌的意见和情感，通常匿名进行，并把这视为无界民主的一种模式。他们创造了评分、照片上传和其他内容，吸引其他用户群体的关注。

由于以上的这些特征，YWN群体很难对产品产生深刻的印象。但一旦被打动，他们就会成为品牌的忠实拥护者，而类似YWN群体这样的有质量的拥护者往往比一般群体意义更大，因为他们对主流市场的巨大影响力会为品牌带来巨大的利益。

## 年轻人：思想份额的增长

对营销人员来说，关注年轻用户很有必要。联合国人口基金（UNPFA）的一项调查显示，2014年10～24岁的年轻人口达到了18亿，创历史新高，而这一数字还将持续增长。有趣的是，他们中有近九成生活在发展中国家。他们在面对实现教育和就业前途的一系列挑战时，还要处理和同龄人的社交关系。营销人员正在寻找并试图解决这些问题，以贴近年轻人的生活，打开他们逐渐鼓起来的钱包。

即使是那些起初定位不是年轻人市场的产品和服务，如今也盯上了这块"肥肉"。他们想要先入为主，在早期赢得他们的心，哪怕目前看来这种做法并不能带来利润。很快，今天的年轻人将变成明天的主力消费者。

此外，关注年轻人也是营销活动中最激动人心的内容。因为其手段通常都是炫酷的广告、新潮的数字技术、名人代言和其他创新的举措。年轻人充满活力，因此相比于其他群体，他们很少让营销者失望。由于年轻人的人口基数大，公司也愿意花大力气照顾这一市场的需求。

年轻人对其他市场的影响十分深远。首先，他们是最早吃螃蟹的人。年轻人总是被批评太过叛逆，喜欢打破常规，反成年人之道而行。虽然的确有一部分是这样的，但大多数年轻人并非如此，他们只是不害怕尝试。他们所尝试的新产品和新设备都是成年人觉得太过危险的。

而怀揣新开发产品的销售正需要这样的年轻人，优先年轻人的战略往往最有可能成功。2001年iPod随身听刚进入市场时，它青年导向的营销特色使其迅速打入市场，最终在主流市场大获成功。无独有偶，网飞（Netflix）在2010年推出流媒体服务时，第一批试用者就是年轻的技术发烧友。

其次，年轻人引领潮流。年轻人是追求一切即时性产品的"当今一代"。他们是潮流和趋势的引领者，他们的步伐太快，营销人员往往跟不上。但好处是，市场营销人员可以借此定位到未来将会影响市场的潮流。

这种群体的特性也意味着年轻人是"碎片化"的，其追随的潮流也是碎片化的。特定的运动、音乐、时尚趋势都能在年轻人群中拥有狂热的粉丝，但其他群体就很难如此。也许年轻人能共同追寻的，只有向数字化生活方式不断前进的步伐了。

尽管年轻人追寻的潮流多数昙花一现，其碎片化的风尚也十分短暂，但有一些与时俱进的潮流却能留存到主流市场。贾斯汀·比伯就是一个最好的例子，他起初作为一名YouTube红人，有着数百万的年轻粉丝，并获得了不俗的人气。而脸书（Facebook）和推特（Twitter）这些社交媒体，起初也都是年轻人的风潮。同样，Spotify、苹果音乐、Joox（中国香港地区著名音乐流媒体）等流媒体音乐服务也是由年轻人带入了主流市场。

最后，年轻人是变革者。人们常常把他们和"不负责任""自私自利"联系在一起。但最近的事情却表明他们成熟得更早，因为他们对世界上的变化反应更快，比如全球化和技术革新。如今，他们密切地关注周围的事物，并已成为世界变革的主要推动者之一。

这一点可以从迅速增加的青年人权运动中看到，比如说RockCorps就是一个志愿者平台，年轻人可以在这里用4小时的社区服务换取一场演唱会的门票。还有WE.org组织，邀请年轻人参与"WE Day"演唱会这样的改变世界的活动，购买具有市场影响力的"我到我们"（ME to WE）系列产品。印度尼西亚的Mengajar也提供教育方面的青年人权平台，严格选拔品学兼优的大学生，要求他们放弃高薪工作，去偏远乡村支教一年。这些运动让志愿行动看起来很酷，更重要的是，它唤起了成年人对于运动和社会影响的意识。

最早的试用者、弄潮儿和变革者，这三重身份都证明年轻人就是占领思想份额的"钥匙"。品牌想要影响主流用户的想法，就要先征服年轻人。

## 女性：市场份额的增长

女性的市场也是营销人员的一大热点模板，不仅因为其巨大的规模，还因为其与男性截然不同的盈利点：约翰·格雷（John Gray）曾经打比方说"男人来自火星，女人来自金星"以描述两大群体的不同心理。

男性女性之间的差异一直是心理学和市场学研究的热点。许多专家都提出了有关女性销售的观点，许多的产品、服务和市场营销手段都是为女性定制的。

女性对他人的影响取决于她们的行为状态。丽娜·巴托斯（Rena Bartos）在她的《面向世界女性的营销》(*Marketing to Women Around the World*)一书中这样描述女性市场："包括家庭主妇、待业主妇、从业女性、职场女性"。简而言之，女性世界围绕着家庭和工作两点，这使得她们经常要面临选择其一还是平衡两者的困境。但是女性擅长多任务的特点使得她们能够游刃有余地应付家庭与工作，甚至两者都有的多项任务。

总的来说，女性扮演了三种角色。首先，女性是信息的收集者，马莎·巴丽塔（Martha Barletta）认为女性的决策过程与男性不同，男性的购买心理十分简单粗暴，而女性的则是螺旋式的，她们常常在决策时返回上一步收集新信息，以确定自己是否做了最佳的选择。女性通常要在店内或者网上货比三家好几个小时，而男性的购买搜索次数有限，买东西的时候越快越好。

女性不仅更频繁地搜索信息，也更多地讨论品牌。她们从亲友处寻求意见，并愿意接受他人的帮助。而男人只是想尽早结束，女性却想找到最佳的产品、服务、方案。

对营销人员来说，女性收集信息的特性能带来利润。因为这意味着所有的营销交流和用户游说不会是无用功。女性会注意所有的信息，并为他人也做出总结。

此外，女性还是有大局观的客户。她们通过螺旋式的购物方式经历了更多的环节，也就考虑了更多的内容。她们更容易考虑包括功能性、情感收益、价格和喜好在内的各种因素，然后再评定产品和服务的价值。对于一些家居用品，女性考虑更多的是其对整个家庭的价值。

女性也会考虑更多品牌选择，这其中包括那些她们认为可能会更有价值的不出名的品牌。因此，女性在最后买下时会更有自信，也就更忠于选择，愿意分享给社区中的他人。

综合以上特点，女性实际上是家庭管家，她们是家庭财政部长、采购主管和资产主管的结合体。她们不仅是大多数家居用品和大件物品的进屋检验员，也是投资和理财产品的影响人。

2008年皮尤（Pew）研究中心的一项报告显示，41%的家庭是女性做主，而只有26%的家庭是男性做主（剩下的家庭通过民主分摊权利）。在印度尼西亚，这个差别则更为明显，根据

2015 年 MarkPlus Insight（印度尼西亚研究机构）的调查，74%的印度尼西亚家庭由女性管着家庭的钱包，包括配偶的收入，而只有 51% 的女性是在外工作的。

实际上，女性在家庭的影响力也拓展到了职场。2013 年美国劳工统计局报道称，在美国，能够为雇主决定采购选择的雇员中，女性占到了 41%。

女性在家庭与工作中的影响力均在增长。女性作为信息收集者、家庭采购主管和管家，其消费在数字经济中占有主要市场份额。品牌若想拓展自己的市场，需要首先过了女性这一关。

## 网民：心灵份额的增长

网民 Netizen 这个词是 20 世纪 90 年代早期由迈克尔·豪本（Michael Hauben）首创的，他称网民是一群有着地理隔离，但积极关注和努力发展互联网以壮大共同利益的人。

网民被认为是民主的市民，因为他们想要参与到互联网的发展进程中。他们看待世界的方式更为水平而非垂直。互联网内容出自网民，为他们所共享和服务。但他们信奉的是完全民主和减少管制，希望开放而没有界限地与他人分享。

据联合国估计，互联网用户有 34 亿人之多，占到了世界人口的 45%。但他们不能都算作网民或者互联网公民，福雷斯特公司的社会技术分级方法能解释这一点。根据福雷斯特的分级方法，互联网用户是分级的，包括不活跃用户、旁观者（观看和阅读线上内容的人）、参与者（加入并访问社交媒体的人）、收集者［向网页添加标签并使用 RSS（简单信息聚合）反馈的人］、评论者（上传评论和评分的人）和创造者（创造并发布线上内容的人）。收集者、评论者、创造者是网民的典型，他们代表着不止消费互联网，还会积极贡献于互联网发展的人群。

他们对他人的影响来自对互联互通和贡献的渴望。网民是社会润滑剂。我们知道他们愿意与他人联系，彼此交流，让信息流通起来。在匿名的机制下，他们所冒的风险更小，与他人交流和线上对话时就更自信。在网络中，他们的用户名和头像就是他们独特的身份。

互联网社交的方法众多，其中最流行的是社交网络服务和即时信息软件，比如脸书、WhatsApp、QQ、Tumblr、Instagram、领英（LinkedIn）等。这些平台上的关系通常始于两个互相认识、彼此信任的人，并由这一关系联系到两人各自的关系网，形成多人联系。从外部来看，线上社区看起来像是熟人的网络，但从内部看，更像是陌生人的网络。由于这种点对点基础上的多对多特性，线上社区通常呈指数增长，已成为最强大的一种社区。

网民还是有表现力的传播者。网络用户可以匿名地发表言辞激烈的、表现力强的意见。所产生的负面影响就是网络欺凌、网络巨魔（喷子）和黑粉等的出现。但其积极的一面是品牌拥护者的激增。相比于更广泛意义的网络用户，网民更愿意做品牌的传播者。

我们都知道互联网世界的 F 要素：关注者、粉丝和朋友。网民一旦爱上一个品牌就会成为 F 要素。他们成为品牌的传教士和粉丝，抵抗品牌的反对者。虽然平时比较沉默，但是在需要的时候，他们会出来为品牌抵抗网络欺凌、网络巨魔和黑粉。

此外，传播者还是品牌信息在网络的传递者。他们以消费者的角度呈现可信的品牌形象，其作用无法被广告替代。由于网民比普通网络用户的地位更高，他们对于自己众多的关注者、粉丝和朋友的影响自然也就更大。

网民还是内容贡献者，他们被称为网络公民是有原因的。好的市民为国家发展做贡献，而网民则为互联网的发展做贡献。网民的贡献能让其他网络用户的生活更便捷，通过标签让网上的信息井井有条，优质内容也更容易被搜到；通过为网站"投票"，网民能为其他人推荐优秀的网站；通过产品评分和线上搜索，其他用户可以很容易地找到最优的购物选择。

但网民最大的贡献要数其创造的新内容。这些内容有着多种格式：文章、白皮书、电子书、信息手册、图形艺术、游戏、视频乃至电影。独立作家撰写网页、博客和电子书；独立音乐人和导演则通过使用 YouTube 分享视频创造商业价值。

随着新内容每分每秒地产生，互联网变得越来越丰富和实用，进一步惠及用户，吸引其他人使用互联网。这些都增加了网民人数，提升了互联网价值。

网民社群依赖于情感和互惠联系迅速呈指数增长，并成为拓展品牌心灵份额的关键。网民会是最好的口碑传声筒，一旦品牌获得了网民的认可，其口碑就会随着社交关系迅速传播。

### 总结：年轻人、女性、网民（YWN）

有关年轻人、女性和网民的商业研究由来已久，但都是被视为分立的市场群体进行的。他们作为数码时代最有影响力的群体的合力尚未被充分挖掘。年轻人是新产品和技术的最早的试用者；又是弄潮儿，但其追求的潮流趋势是碎片化的；最终，他们还是变革者。女性是信息的收集者和有大局观的购物者，是管家、财政部长、采购主管、资产主管的结合体。最后，网民是社会的润滑剂，因为他们频繁地与他人交互、对话和交流。他们还是有表现力的传道士，以及互联网世界的内容贡献者。年轻人、女性和网民共同构成了数码时代经济营销的关键群体。

### 反思与问题

- 你经营的业务如何充分利用年轻人作为最早试用者和弄潮儿的角色，获得更大的思想份额？
- 你经营的业务如何充分利用女性的居家影响占领更大市场？
- 你经营的业务如何识别并利用网民的特点，获得更大的心灵份额？

# 第 4 章

# 数字经济的营销 4.0

线上邂逅线下
形式邂逅实质
机对机邂逅人对人

经济合作与发展组织（OECD）称，数字创新能使各国紧密联系起来，共创可持续发展的繁荣局面。在麦肯锡（McKinsey）公司给出的对经济影响最大的创新技术名单中，移动互联网、人工智能、物联网、云计算、先进机器人、3D 打印技术等赫然在列。这些数字技术已经有些年头了，但直到近些年多种技术相互融合，才使得其影响达到了最高点。

这些技术为经济的许多领域带来了变革，包括零售（电子商务）、交通（自驾车）、教育（大型线上公开课）、社交（社交网络）等。但这样的技术同时也在打破关键产业的秩序并影响行业巨头。Boarders（连锁书店）和 Blockbuster（DVD 租赁）这样的零售巨头都受到了各自领域数字技术入侵的冲击。这些数字化企业，也就是亚马逊和Netflix（网飞），如今已经是行业内的翘楚了。有趣的是，曾经是入侵者的企业也可能难逃这种冲击。苹果公司的iTunes曾经成功地靠着线上音乐零售模式冲击了音像实体店的产业模式，如今却受到了Spotify的流媒体商业模式的冲击。2010年左右苹果在音乐版块的盈利达到最高峰，之后一直在下降。苹果在2015年年中时决定打造自己的流媒体服务——苹果音乐，以期对抗Spotify的冲击。

面对一浪高过一浪的新兴技术，大多数用户的态度是喜忧参半的。人工智能在带动生产的同时，也带来了失业的忧虑。3D打印技术打开了加速创新的、充满无限可能性的大门，但也可能被错误利用，比如说用来制造枪支。

麻烦最大的也许要数移动互联网了。移动互联网带来了点对点的连通，用户相比过去了解的信息更多，决策也更加明智。但来自埃塞克斯大学的普日贝尔斯基（Przybylski）和韦恩斯坦（Weinstein）的研究表明，手机可能会影响人际关系。研究表明手机能让人的注意力脱离所在的环境，而且人们总是觉得可以通过手机联系到更广的网络，这让他们很难与周围的人产生情感联系。因此随着经济向数字化转移，用户期待的是一种完美的数字技术应用，实现自我并与他人形成共鸣。

而在这段向数码时代的转型适应期中，我们需要一种新的影响方法来引导营销人员驾驭并平衡新型技术。过去六年来，营销人员一直期待着《营销3.0：从产品到顾客，再到人文精神》⊖（Wiley，2010）的续集，这本书热度非凡，被翻译成了24种非英语的版本。在书中，我们探讨了从产品驱动型营销（1.0）向以顾客为中心的营销（2.0），直至最后的以人文为中心的营销（3.0）的转变。

现在我们将引入营销4.0的概念，营销4.0是一种结合企业与用户线上和线下交互的营销方式。在数字经济中，仅仅依靠数字交互是不够的，事实上，随着世界的网络化，线下交互代表着截然不同的特性。营销4.0也结合了风格和实质。诚然，随着技术的迅速革新，品牌的灵活性和适应性意义重大，但其实体的特征却变得愈发重要。在一个日益透明化的世界中，真实是企业最难能可贵的财富。最后，营销4.0利用了机对机连通性和人工智能来提高营销效率，利用人对人连通性促进用户的参与。

## 从传统市场向数字市场转变

### 从细分和选择到用户社区确认机制

传统意义上，营销的起始点通常是市场细分，即根据客户的地理、人口、心理和行为特征，将市场划分为同质的群体。市场细分后通常进行目标市场选择，即挑选品牌心中契合的、有吸引力的一个或者多个用户群。细分和选择都是品牌战略中

---

⊖ 本书中文版已由机械工业出版社出版。

的根本部分，使资源分配和定位更为高效，并帮助营销人员为不同的客户群体提供不同的产品和服务。

但是，细分和选择也证明了这种客户和企业之间的关系是垂直的，就像猎人和猎物的关系一样。细分和选择是不征求客户意见的，来自营销人员单方面的决定。客户是决定市场细分群体的变量，其参与仅局限于市场调研时的信息输入，这种输入通常领先于市场细分和选择的进度。用户作为目标，常常受到无关信息的打扰和冒犯，许多人将品牌发送的单方向推送视为垃圾短信。

在数字经济中，用户同各个垂直社区的其他用户形成社会互联。在今天，社区就是新的市场群体，而不同于其他群体的是，社区是用户在自我定义下形成的。用户的社区不受到垃圾信息和无关广告的影响，事实上，它能抵制企业强行闯入社区关系的企图。

品牌想要与社区的用户有效交流，就必须请求许可。塞斯·高汀提出的"许可市场"理论，围绕着请求用户许可进行营销信息推送这一观点展开。但是，品牌在请求许可时，应该是真诚的帮助者，而非带着诱饵的猎人。同脸书上的机制一样，用户可以选择"确认"或"忽略"好友请求。这展示了用户和品牌间的水平关系，然而有很多企业仍然可以采用原有的细分、选择和定位策略，前提是其营销过程必须是透明的。

## 从品牌定位和差异化到品牌特质和品牌密码解读

传统意义上，品牌是名字、标志和标语等一系列内容的组合，是品牌产品和服务相互区别的手段，也是公司品牌活动中产生的价值的载体。近些年来，品牌也成为品牌服务用户体验的一种体现。因此，由于企业活动的方方面面都与品牌有着密不可分的关系，品牌就成了企业战略的平台。

品牌的概念与品牌定位密切相关。自20世纪80年代起，品牌定位就成为客户心意的攻坚战。想要实现品牌的成功，就必须有清晰和持续的定位，以及支持定位的差异化标准。品牌定位是营销人员为赢得用户心意，做出的具有说服力的承诺。想要展示品牌的真实特性，赢得用户的信任，营销人员必须保守这种承诺，用差异化的营销手段巩固其承诺。

在数字经济中，用户如今可以衡量甚至审视企业所做出的品牌定位承诺。由于社交媒体兴起所产生的透明性，品牌无法再做出虚假且无法证实的承诺。品牌可以随意地自我定位，但前提是必须具有服务社区的意识，让品牌定位优先于公司定位。

在今天，过去那种传统的依靠重复持续的品牌认证和定位，已经不足以实现成功了。随着新型技术的出现、产品周期的缩短和趋势的迅速变化，品牌只有具有动态性，才能在各种环境下适应自如。然而，这其中不该变化的，是品牌的特性和密码。品牌特性是品牌存在的理由，只要品牌的密码能岿然不动，其外部的特征就可以随意变化。举例来说：谷歌和MTV

有着数不清的品牌变体，谷歌称之为"涂鸦"，而谷歌和MTV这样的品牌仍然能在变数中巩固统治地位。

### 从售卖"4P"到商业化"4C"

市场营销组合是计划提供给客户的内容和途径的经典工具。它有四个P因素：产品、价格、渠道和促销。产品通常基于客户需求和市场调查进行研发，企业控制着品牌决策中从概念到生产的大部分环节。企业结合成本、竞争和客户价值等方面的定价策略，为品牌定出一个合理的价格。而在客户价值定价过程中，用户的购买付费意愿，是用户与定价环节的最大联系。

当企业决定了所提供的内容，即产品和价格后，就该决定如何实现——渠道和促销。企业需要确定产品分销的渠道，让用户获得可行方便的购物体验；还需要采取广告、公关和促销手段，将产品信息传达给目标用户。当企业将营销组合的四个要素合理地设计和结合后，用户就会被产品价值主张所吸引，产品的销售也就变得更容易了。

在互联互通的时代，营销组合的概念变得更加需要用户的参与。4P元素的营销组合如今应该被重新定义为4C元素——共同创造、通货、公共活动、对话。

在数字经济中，共同创造是一种新产品开发的战略。通过在创意阶段使客户参与其中共同创造，企业能提高产品开发的成功率。共同创造还使得客户可以定制个性化的产品和服务，并创造更高级的价值主张。

数字时代的定价也在从标准化逐渐迈向一种动态的状态。动态的定价是根据市场需求和能力设定可以变化的价格，这种手段在住宿和机票行业中已经应用了很久。但技术的革新也将它代入了其他的行业中，比如线上零售商就通过收集大量数据，实现大数据分析，为不同用户提供合适的价格。有了动态定价，企业可以根据购买历史、购物商户位置和其他用户信息为不同用户定下不同的价格，从而优化产品盈利。在数字经济中，价格就像通货，根据市场需求不断地波动。

渠道的概念也发生了变化。在分享经济中，最重要的分销概念就是人对人分销。Airbnb、优步、Zipcar 和 Lending Club 这样的企业分别改变了旅店、出租车、汽车租赁、借贷等产业，为用户带来了来自其他用户的获得产品和服务的便捷渠道。3D 打印技术的兴起将在不久的将来极大地促进这种分销机制。想象一下，客户想要购买某种商品，只需等待几分钟就能看到 3D 打印的商品摆在面前。在互联的世界中，客户对于产品和服务的需求都是即时的，这只有通过用户个体间的高度连通才能实现，而这一点也正是公共活动的本质。

促销的概念在最近几年也在不断变化。传统的促销一直是单方面的活动，也就是企业向用户推送信息。而在今天，社交媒体的蓬勃发展使客户可以回应这些单方面的信息，让他们与他人交流这些信息。猫途鹰和 Yelp 这样的用户评分系统的出现，为用户提供了平台，让他们彼此交流和评价自己接触过的品牌。

企业如果有了互联的 4C 营销组合，就更可能在数字经济中存活下去，但销售的模式也要改变。传统情况下，客户是销售技巧的被动接受者，而在互联的世界里，双方都必须积极地积累商业价值。客户的参与程度越高，企业的商业化对于客户来说就越透明。

### 从客服环节到合作用户关怀

在购买前，客户被视作目标，而一旦他们决定购买，在传统的客服活动中他们就变成了上帝。

而转向客户关怀的视角，企业对客户就一视同仁了，他们不是以服务为目的，而是通过倾听、回应和持续地跟进双方关注的内容，表现对客户的真切关怀。

在传统的客服关系中，客服人员有责任根据严格的规章制度和标准的操作规程完成客服服务。这种情况常常让客服人员在面对有争议的事项时进退两难。在互联的世界里，合作是客户关怀的关键，当企业邀请客户使用自服务设施参与进程时，就会产生合作。

### 整合传统营销和数字营销

数字营销不代表要取代传统营销，相反，两者应该在客户路径上相互补充，发挥共存作用。（有关客户路径的内容会在第5章提到。）在企业和客户交互的早期阶段，传统营销在建立知名度和引发兴趣方面有重要作用。随着交互的加深，随着用户对企业关系需求的加深，数字营销的重要性也在加深。数字营销最重要的角色就是引发购买，赢得拥护。而由于数字营销比传统营销更容易问责，其关注点就在于产出，而传统营销的关注点在于引发客户交互（见图4-1）。

图4-1 从传统营销向数字营销转变

营销4.0的本质就是意识到传统营销和数字营销在促进用户参与和获得用户拥护的过程中角色的变化。

## 总结：重新定义数字经济的市场营销

营销4.0是结合企业和用户线上线下交互的一种营销手法，通过结合形式和实体建立品牌，通过最终用人人交互补足机对机交互来增加用户参与度。它帮助营销人员适应数字经济时代，重新定义营销活动中的关键概念。数字营销和传统营销将在营销 4.0 时代中共存，最终共同实现赢得用户拥护的终极目标。

**反思与问题**

- 你的品牌如何基于数码时代的人人交互，与其他品牌形成强烈的差异化？
- 你的业务如何通过共同创造、利用类似通货特点的定价、参与公共活动、引导对话，从传统的 4P 营销组合转向新型的数字化 4C 组合？
- 为了满足相连通的用户的需求，你的客服策略做了哪些根本性的调整？

第二部分

# 数字经济中营销的新框架

MARKETING 4.0

第 5 章

# 新的用户购买路径

了解、吸引、问询、行动、拥护

随着世界人口的流动性和互联性增加,客户考量和评价品牌的时间变得很有限。随着生活节奏的加快和个体注意力周期的缩短,客户变得越来越难集中注意力。但是面对着线上线下的多种渠道,客户总是置身于太多内容,如产品特征、品牌承诺、销售对话之中。客户被好到不真实的广告信息弄得云里雾里,常常选择忽视这些信息,转向朋友和家人的社交圈子,寻求更可信的信息。

企业需要意识到,增加触点和丰富信息不一定会转化成影响力的增加。企业需要脱颖而出,用几个至关重要的触点展开有效的用户互动。实际上,品牌在某一刻所提供的意外惊喜,就足以让客户转为忠实的拥护者。想要创造这一刻,企业应该描绘用户购买的过程,了解用户路径上的触点,参与到关键环节中；将精力放在增强互动、改善渠道、改善用户界面上，从而优化这些关键的触点并提高差异化程度。

此外企业还需要利用客户的连通和拥护。在今天，用户间的个体对话是最有效的媒体形式，由于企业的信赖度很低，很难再继续直接接触目标用户。而由于用户对于同伴十分信任，影响他们的最佳方式就是品牌拥护者的大军了。因此，最终的目标就是取悦用户，使其成为品牌的拥护者。

## 理解人们如何购物：从 4A 到 5A

"爱达"公式（AIDA）——引起注意、诱发兴趣、刺激欲望、促成购买，是最早被广泛使用的描述客户营销模式的一种手段。

AIDA 是由销售和广告先驱埃尔默·刘易斯（E. St. Elmo Lewis）创造的，并首先应用于广告和销售领域。它是一种简单的提醒和清单工具，用以帮助广告从业者设计广告，帮助销售人员推销产品。同营销的 4P 要素（产品、定价、渠道、促销）一样，AIDA 也经历了多次修正和拓展。

来自凯洛格商学院的德里克·罗克尔（Derek Rucker）对 AIDA 模型进行了修改，称新的模型为 4A：了解、态度、行为、再购买。在新模型中，兴趣和欲望被整合成了态度，并加入了新的环节——再购买。修改后的模型旨在跟进购买后的顾客行为，统计客户留存，将再购买视为客户忠诚度的重要体现。

4A模型比较简单，描述了客户在自己评价品牌时的漏斗状思维进程。客户了解到品牌（了解），产生好恶（态度），决定是否购买（行为），决定是否值得再次购买（再购买）。按照漏斗的模式来看，客户数量随着进程持续而不断减少。喜欢品牌的人需要先对品牌有了解；购买产品的人需要先喜欢上这个品牌。因此与此相似，沿着这条路径走下去，留下的品牌数量也在呈漏斗状减少。举例来说，人们向他人推荐的品牌数量少于人们购买的品牌数量，自然也比他们知道的品牌少了。

4A也影响着个人的购买过程，用户在购买决策过程中受到的主要影响来自企业的触点（比如说了解阶段的电视广告、行为阶段的销售人员、再购买阶段的客服中心），这些内容都在企业的掌控之中。

在今天这个互联互通的时代，直接而个人化的4A漏斗状进程需要变革。新的客户路径必须能够适应连通性所带来的改变。

- 在这之前，个体客户自己就能决定对品牌的态度；而在连通时代，品牌的第一印象受到了客户周围社区的影响，进而也影响了最终印象。许多看起来自我的决定其实是受到社会影响的。新的路径应该反映出这种社会影响力的增加。

- 在连通时代之前，忠诚度体现在客户留存和再购买上；而在连通时代，忠诚度最终体现在对品牌的拥护上。由于购买周期变长，用户并不会频繁地购买一些品牌的产品，或是因为地域条件无法实现购买。但是如果客户钟爱这一品牌，就会在自己不使用的时候也向他人推荐。新的用户路径应该结合这种忠诚度的新定义。

- 如今，客户积极地彼此联系，构建问询-拥护的关系，进而了解品牌信息，这其中网民又有着格外高的活跃度。客户需要信息时，就会搜索信息或咨询更了解的人，而这种对话中的不平衡性会促使客户联系增强或者削弱品牌原有的影响力。新的路径应该意识到客户之间存在的联系。

基于这些需求，客户路径应该被改作5A：了解、吸引、问询、行动和拥护（见图5-1）。

图 5-1　连通时代全新的客户购买路径

在了解阶段，客户被动地接受着来自过去经验、营销互动和其他人的体验等多方面的各种产品信息，这一阶段是促使用户购买的闸口。有过品牌使用经历的客户往往更容易记起或者认出这个品牌，企业的广告和其他用户的口碑也是品牌认知度的主要来源。

在了解了几个品牌后，客户会将已知的信息加工成短期记忆或者长期记忆，随后锁定几个特定的品牌。这就是吸引阶段，那些有着惊叹元素的品牌更容易被记住，也更可能留存在客户的心仪列表里。在包装消费品这样竞争激烈的行业中，品牌繁多、产品的商品化程度也高，品牌的号召力必须更强。有的客户群体比他人更容易受到品牌的吸引，比如说年轻人，他们往往都是最先做出回应的。也因此，年轻人通常是产品的最早使用者。

受到好奇心的驱使，客户常常积极地跟进那些吸引他们的品牌，从家人和朋友、媒体甚至直接从品牌那里了解更多信息，这是问询阶段。客户可以从亲友那里了解信息，也可以自己评价品牌的优劣。他们想要进一步研究时，就会在网上参考用户评论，或者拨打客服热线跟销售聊聊，又或者比较价格，到实体店试用一下。如今，问询结合了线上数字世界和线下现实世界。客户可以一边在店内浏览商品，一边在手机上搜索商品信息。由于客户获取信息渠道的多样性，企业必须在较为热门的渠道中留下自己的身影。

在问询阶段，客户路径从个人化转向了社会化。客户的购物决定取决于他们在对话中获得了什么，品牌的号召力需要经过客户验证才能维护客户路径。品牌需要引发客户的适当好奇，当客户对品牌不够好奇时，其号召力仍然存在，但水平却很低；而当客户对品牌太过好奇时，客户"被迫"问了太多问题，也就难以分辨哪些是他们最初接触的内容了。

客户一旦在问询阶段确认了足够的信息，就会进入行动阶段（决定购买）。要记住一点，我们期待的用户行为不仅仅局限于购买行为。在购买特定产品后，客户会通过消费、使用以及售后服务，更深入地与品牌产生互动。品牌需要让客户有参与感，确保他们有着良好的拥有感和用户体验。当客户抱怨有问题存在时，品牌需要及时注意，并确保有效解决。

随着时间推移，客户会对品牌产生强烈的忠诚度，这反映在留存率、再购买率和最终的拥护上，这就是拥护阶段。活跃的品牌拥护者不需要他人问起就会主动推荐，讲述品牌佳话，做品牌的传道者。他们需要的触发点是质询和差评，一旦遇到这种情况，他们就会觉得有义务推荐并守护自己心爱的品牌。而由于这些人敢于推荐自己喜欢的品牌，他们自然就更可能在未来再次购买这些品牌的产品（见图5-2）。

5A模型中的各个阶段并非严格的直线型，有时候甚至是螺旋形的，这和女性购物的思维很像。客户的精力不足，往往可能跳过这其中的某一阶段。举例来说，客户可能最开始对品牌

图5-2 描绘5A模型的用户路径

没兴趣，但是朋友的推荐可能会让他决定购买。这意味着客户跳过了产生好恶的吸引环节，直接从了解环节到达了问询环节。另一方面，很多客户可能会跳过问询环节，仅凭着在了解和吸引环节获得的信息冲动地买下产品。

　　换成一些稀有和抢手的商品，忠实的拥护者就不必非要是实际的购买者。举例来说，特斯拉产品就一直享受着非买家的推广，这意味着用户跳过了行动环节直接来到了拥护环节。新的客户路径不必是漏斗状的固定客户结构，客户也不用非要完成 5A 的每一个阶段。因此，从了解到拥护，这条道路也会根据不同环节的不同客户数量适当变长或者缩短。

　　新的客户路径也可能是螺旋式的，用户回到上一环节，形成反馈环形结构。咨询问题的客户既可能把新的品牌加入"了解清单"，也可能转而寻找更有吸引力的品牌。客户在使用过程中遇到了问题，就会深入琢磨一下，然后再决定是继续使用还是换个牌子。由于这种螺旋式路径的存在，在 5A 各阶段留下来的品牌数量也会随之波动。

　　客户在购买过程中花费的时间也根据他们对商品重要性的不同认识而有所区别。比如在购买日常消费品时，了解和吸引可能会同时发生，因此假如有了强烈的品牌认知却没有对等的品牌吸引力，最后往往无法产生购买行为。问询阶段所用的时间往往又很短暂，自发的购买十分常见，客户往往在零食杂货店逛逛，一冲动就决定购买了。大多数客户仅仅瞥了一眼每样产品，就不再继续琢磨了。而假如换做是房产和汽车这样的大件商品，客户就会愿意多花点时间，问问查查，然后再决定购买。

5A框架是一种可以适用于所有产业的灵活工具。用作描述客户行为时，它能更真实地反应客户的购买进程，让不同行业相互比较，并由此揭示行业的特征；它还能展示各竞争企业与客户之间的关系。举例来说，当企业发现自己的客户购物的过程不同于产业的惯例，就可能会进而找到真正的产品差异或者隐藏的用户体验问题。

## 从了解到拥护：O区域（O3）

营销4.0的最终目标，是让用户从了解产品变为拥护产品。总的来说，营销人员主要可以通过三种影响方式实现这种目标。在5A的进程中，客户的决定往往受到自我因素、他人因素和外部因素的共同影响，我们把这种结构称为O区域（O3），如图5-3所示。

图5-3 让客户从了解到拥护的O区域

外部影响来自外部因素，是品牌通过广告和其他营销手段有目的地进行的，也可能是销售人员和客服人员同客户的互动。从品牌的角度看，外部因素仍然是可以管控的。信息、媒体和推送频率都可以是有计划的。尽管产生的客户反馈很大程度上取决于客户体验的好坏，整体的客户触点还是可以设计的。

与之相似，他人的影响也来自外部环境。通常，他人的影响是指亲友圈子对产品的口碑，也可能来自用户所在的更大的独立社区。举例来说，客户可能会受到在社交网站上听到的信息的影响，或者被猫途鹰和 Yelp 这样的评分系统影响。他人影响因素的影响力不尽相同，年轻人、女性和网民（YWN）是最有影响力的群体，他们带来的影响往往是客户最终购买的决定因素。

品牌的营销努力往往无法把控他人影响的产出，唯一的方法就是社区营销。企业无法直接控制社区内的对话，但是却可以在忠实客户的帮助下间接改变对话。

另一方面，自我影响来自用户自身，来自过去的品牌互动和体验、品牌的个人评价、对于品牌的个人偏好。通常来说，个人偏好（自我）受到品牌口碑（他人）和广告（外部）的影响。事实上，这三种主要的影响因素常常相互交织在一起。

外部影响通常最先影响到客户，如果外部影响成功发起了品牌和客户的对话，接下来就是他人的影响。而最后，这两种影响会交互并形成客户的自我影响。

每个客户通常都受到三种类型的影响，尽管比例可能各有不同。有的客户个人好恶分明，不容易受到广告或者朋友推荐的影响；有的客户十分依赖于他人推荐，有的人愿意相信广告。尽管个体间存在差异，但相比于自我影响和外部影响，今天的客户仍更依赖于他人的影响，其原因我们之前已经进行了探讨。2015年尼尔森的研究表明，来自60个国家的受访者中83%将家人和朋友视为最可靠的"广告"，有66%的人会在意他人在网上的评价。

在5A的过程中，客户在问询和行动两个阶段中都容易受到影响。在问询环节，客户针对几个品牌，尽可能地向他人和外部因素寻求建议和信息。问询阶段是营销人员增加品牌喜爱程度的绝佳机会。而在行动阶段，客户逐渐形成自己对品牌的看法，这个阶段他们不再受到来自外界的压力，心态也就更加开放自由。那些能够为客户提供优秀消费和使用体验的品牌总能更受青睐（见图5-4）。

图5-4　客户路径的O区域

客户购买经验多少也会决定其购买过程。第一次买某类商品的顾客经常会完成五个阶段，且极大地依靠外界影响。因此，许多第一次购买的顾客最后会购买呼声最大的产品。

在买了几次后，客户的经验更多了，他们就会依赖于他人，有的时候会跳过吸引阶段，或者更换品牌。有经验的顾客通常有着很强的自我影响力，一旦找到自己喜欢的品牌，他们就会跳过大部分阶段，一直选择这个品牌，除非有一天这个品牌让他们不满意了。

O3 也是营销人员优化营销策略的有效工具，如果能区分外部、他人和自我影响，营销人员就能确定其工作的重点。当外部影响最重要时，营销活动的重点就放在了互动活动上；而当他人影响最重要时，营销人员就该依靠于社区营销活动；当自我影响最重要时，营销活动则应该致力于提供良好的售后服务体验。

**总结：了解、吸引、问询、行动、拥护**

在数字经济中，客户进程应该被重新定义为 5A——了解、吸引、问询、行动、拥护，5A 反映了客户之间的连通性。营销 4.0 的概念最终的目标是使客户从了解产品到拥护产品。想要实现这一目标，营销人员需要衡量三种主要的影响因素——自我的、他人的、外部的。我们把这种方式称为 O 区域（O3），它是一种帮助营销人员优化营销策略的有效工具。

**反思与问题**

- 你的品牌如何捕捉并利用客户购买进程中最关键的触点？
- 你的企业如何评估影响客户进程的三大要素，从而提高品牌受欢迎度，优化营销工作？

# 第 6 章

# 营销生产力指标

购买行动率（PAR）和品牌推荐率（BAR）

大家都知道品牌知名度在用户购买过程中的重要性，但通常情况下各个行业的营销人员只是在争取第一提及率，从而让用户购买并最终拥护他们的产品。他们斥巨资建立前期优势，随后只依赖于客户在购买过程中的"自然发展"，而不再尝试干涉。

品牌经理们深知品牌知名度的重要性，他们定期开展市场调查，研究品牌的知晓度和认可度。他们的目标是用户自发地想起，甚至首先想起他们的品牌。有的人认为第一提及率是市场占有率的一个良好指标，在一些客户参与度低、购买周期短的行业中的确是这样的，比如说生活消费品，客户只需要知道产品，就有可能去购买。但是在购买客户参与度较高、购买周期较长的商品时，产品的认知只能算是第一步。

而在另一方面，客服经理紧紧跟进客户的满意度和忠诚度。

客户的满意度越高，其忠诚度指数也就越高。这种对产品的忠诚被重新定义为用户愿意推荐产品和品牌的行为。因此，营销最终的目标是使得更多的客户相比于其他的品牌，更愿意推荐和拥护自己的产品。

知名度和推荐率这样的指标有着相似的弱点，那就是它们都关注营销的结果而非过程。虽然这些指标用来跟踪品牌进度和衡量品牌和客服团队的工作十分有效，但却无法解决产品经理和服务经理面临的困难，即产品指标在不同阶段表现的波动。最后结果就是产品指标表现的波动没有得到对应的营销改善。

此外，品牌经理和客服经理在各自进行调研和分析时，并不总是互相沟通的，而这种组织上的问题常常导致企业无法发现产品的知名度和拥护度之间的联系。他们失去了过去那种简单却重要的洞察力，即快速锁定了解品牌的人，并把他们转为客户乃至忠实粉丝的能力。

## 介绍购买行动率和品牌推荐率

想要解决目前营销衡量指标难以应对的问题，我们要引入一系列新的指标。根据 5A 模型，有两个指标值得测量，分别是购买行动率（PAR）和品牌推荐率（BAR）。购买行动率衡量了企业将品牌认知转化为购买行为的能力；品牌推荐率则衡量了将品牌认知转化为品牌拥护的能力。我们需要研究的数据是在 A1 阶段（了解）到 A4 阶段（行动）乃至到 A5 阶段的客户数量。

举例来说，市场上有 100 个客户，X 品牌会被其中 90 名主动想起，而在这 90 名中，只有 18 人最后会购买产品，而只有 9 人会主动地推荐该品牌。因此 X 品牌的购买行动率是 18/90 或者 0.2，而品牌推荐率是 9/90 或 0.1。表面看来，X 品牌有着 0.9 的品牌认知度，前景不错，但实际上，它的表现却不够好，因为它没有将 80% 知道这个品牌的客户转化成最后的购买者（见图 6-1）。

图 6-1 新的衡量指标（PAR 和 BAR）

这两个简单的指标经过加工和复用可以被财务部门用于衡量财务健康水平，比如净资产收益率（ROE），即企业用股东投资的净资产盈利的多少。ROE 让股东能了解自己的钱创收了多少。同理，PAR 和 BAR 也能让营销人员了解资金的产出，尤其是在扩大品牌知名度的方面。

事实上，用 PAR 和 BAR 研究营销投资回报率（ROMI）的确表现不俗。对大多数行业来说，营销开支中最大的一笔就是用在打广告扩大知名度上。因此我们可以将品牌认知度看作在 ROMI 这个公式中约等于"营销投资"。而"回报"则具有两面性，一面是在商家的眼中能直接转化为销量的购买行为，另一面则是不能直接转化的客户拥护。

## 分解 PAR 和 BAR

这两种参数的价值远不止如此，企业在尝试计算从了解到拥护的"转化率"时，还可以回答营销中最为重要的一个问题——企业如何做出有效的营销干预，进而增加忠实客户的数量。

效仿财务事务的经验，我们应该也将 PAR 和 BAR 两项指标进行拆分。在杜邦公司的意向分析中，净资产收益率被视为三种内容的产物：盈利能力（通过净利润率计算）、资产使用率（通过资产周转率计算）和财务杠杆（通过股权乘数计算）。比较品牌优劣时，ROE 越高，可能就是因为盈利能力更强，资产使用更有效，财务杠杆更高。由前两个因素引起的高 ROE 的确是个好事情，但高杠杆带来的高 ROE 就需要企业更加谨慎地确认自己是否是过度杠杆化的一方了。

分解 PAR 和 BAR 都能带来有用的信息，根据品牌认知率分割市场份额就能计算购买行动率，而通过扩大知名度，营销人员可以估算产品未来的市场份额增长（见图 6-2）。

$$购买行动率 = \frac{行动}{整体市场} \div \frac{了解}{整体市场}$$

$$= \frac{购买X品牌的客户}{整体市场} \div \frac{了解X品牌的客户}{整体市场}$$

$$= 市场份额 \div 市场认知度$$

图 6-2　购买行动率（PAR）

举例来说，X 品牌希望增加开支将品牌知名度增加 1%。而从过去的研究看，X 品牌知道自己的购买行动率（PAR）是 0.5，这意味着 X 品牌有一半的投入都浪费在扩大市场份额的过程中了。其他条件相同时，X 品牌的市场份额增量期待值应该为 0.5。尽管这只是一个预估值，但却能够帮助营销人员更合理地分配支出（见图 6-3）。

图 6-3　购买行动率的含义

营销人员应该测出从了解阶段到拥护阶段每一阶段的转化率。从了解到吸引阶段较低的转化率代表着产品吸引力不足，表明了解了这个品牌的用户没有被产品吸引，原因可能是产品的定位和营销互动活动较差。解决了这些问题，会使产品的吸引力更接近1这个数值。

从吸引到问询阶段的转化率较低，则代表着用户的好奇心不够，代表他们不想进一步了解和问询这个品牌。这通常是由于企业无法展开对话并促进用户的信息分享。但品牌的新奇度绝不可达到太高的水平，因为假如客户的问题一个接一个，那就意味着品牌的信息不够一目了然。而过高的好奇度也要求企业有着足够的能力来直接（通过自身渠道）或者间接（通过拥护者的推荐）回答客户的问题。然而不幸的是营销人员无法控制拥护者的对话产出。因此，在5A的所有转化率中，好奇心水平是唯一一项不接近1的。

问询到行动阶段的低转化率代表着购买的承诺较少——客户只是谈起这个品牌，却从不会购买。这通常意味着品牌无法通过分销渠道将已有的兴趣转化为购买行为。其原因多种多样，有来自4P——产品、价格、渠道和促销的因素。客户在试用过程中可能发现产品实物令人失望，价格太高，销售不够让人信服，或者产品还不能购买。解决这些问题后，产品的购买情况会有所改善。

从行动到拥护的转化率较低则代表着亲和力不足，使用过的客户不够满意，所以不会推荐。这种较低的转化率可能是由于售后服务或者产品的表现不够理想。客户被吸引并购买了产品，但最终却扫兴而归。改善使用体验能增强产品的亲和力（见图6-4）。

图6-4 客户推荐率（BAR）的真正含义

被分割后，PAR和BAR值的高低不只代表产出的多少。赢得客户忠诚度是一个长期的螺旋式进程，它包括吸引、引发好奇心、保证购买以及最终锁定客户。理想状态下，与品牌互动的每一个客户都可以顺利完成5A的进程，换种方式来说，客户的推荐率（BAR）理想值为1，每一个知晓品牌的客户，最后都会推荐并拥护这一品牌。但在现实中，BAR为1的情况凤毛麟角。更多的时候，相当一部分客户退出了，没有完成全部的环节。

5个阶段中任何一环出现较低的转化率都代表着瓶颈的出现。5A中出现的瓶颈和生产中遇到的瓶颈一样，都会减少整体进程的产出。营销人员可以通过找出这些瓶颈，定位并解决导致PAR、BAR值下降的症结。通过这种简单的诊断过程，营销人员搞清了在进程中应该做何种介入。营销人员可以关注于有意义的内容，而不必粗略地投入大量精力。改善瓶颈触点，会使 BAR 和 PAR 数值更加接近于 1 。而这些行为的目标是提高营销生产力，避免不必要的开支浪费（见图 6-5）。

图 6-5　企业增加转化率可能采用的干涉策略

## 增加营销生产力

赢得更多忠实客户的一种方法是提升认知度。越多人认得这个品牌，它就越可能被拥护和推荐。但这种方法不仅成本高昂，还要求企业用高额的营销预算在市场中争得一席之地。那营销人员如何能在不显著增加营销预算的前提下提高产品认知度？

连通性最大的好处就是通过引发客户间的对话，扩大产品知名度，让参与到对话中的客户最终对品牌产生印象。

我们应该把客户间的对话视为杠杆。在财务领域内,债务带来杠杆,在不增加股东资本的前提下带来多种效应。状况好的时候,杠杆扩大盈利;状况差的时候,杠杆扩大亏损。杠杆为企业投资带来更多盈利;但负债远高于资本的企业的杠杆越大,亏损风险也就越大。

在数字时代,客户间的对话(他人影响)等同于"债务",广告(外部影响)等同于"股本"。客户对话提供了杠杆,让品牌无须过于依赖广告就能低成本地扩大认知度。但风险也随之而来,客户对话的难以把控享名已久。企业无法控制对话的内容:对话看好时,品牌的资本就会放大;但对话不乐观时,品牌就会受到损害。品牌的"生杀大权"完全落在客户的手中。而品牌 DNA 中有着的独特特点往往能让它们所在的对话更积极。

围绕品牌展开对话对品牌有一定收益,让企业能够减少无意义的广告并发展营销生产力。但即使世界顶尖的品牌也不能仅仅依靠客户对话,品牌必须时不时地进行广告宣传活动才能避免高杠杆的出现。品牌也需要从外部影响对话的进程和方向。

想要赢得更多的忠实客户,一个行之有效的方法就是改善 5A 过程中的关键触点,从而提高 PAR 和 BAR 值。营销人员需要应用多种策略和战术,才能克服 5A 阶段遇到的 4 种潜在瓶颈。这些措施都旨在解决阻碍客户进入下一步骤的潜在问题。

## 增加吸引力

如果大多数了解品牌的客户都不觉得品牌有吸引力，品牌就存在吸引力的问题了。这种问题可能来自品牌本身或者品牌的产品。如果产品的实际价值不够吸引人，品牌营销再聪明、预算再多也没有用。而即使产品的价值非凡，如果品牌营销的执行力不够，也可能导致吸引力不足。

那么在今天，品牌的吸引力是如何形成的？在数字时代，客户的科技交互程度很高，人性化的品牌往往最具吸引力。客户越来越偏爱以人为本的品牌，因为这些品牌的特征更人性化，更能为客户带来平等的交互体验。

有的客户偏好那些社会和环境价值更大的品牌，这些品牌符合营销3.0，为客户带来良好的获得感。美体小铺这样的品牌传递了社会文化的转型，从女权、公平贸易和员工多样化等多方面促进社会正义。然而，自从品牌创始人阿尼塔·罗迪克（Anita Roddick）去世后，这个品牌却似乎丧失了它的"社会运动家"特质。在品牌40周年时，它发起了"丰富而非开采"的运动，旨在帮助核心客户践行品牌的使命，使客户享受购买有社会责任感的品牌的过程。

另一个例子是印度尼西亚人民银行（BRI），该品牌一直致力于帮助金字塔底端的创业者脱离贫困。作为世界最大的小型贷款银行和印度尼西亚最大规模的银行，印度尼西亚人民银行一直肩负着这种使命。银行最近搭载了自己的卫星帮助全球客户，尤其是贫困地区的创业者，这也是世界首例。添柏岚（Timberland）是另一个著名的例子，作为世界著名的户外生活品牌，它最近承诺将种植 1000 万棵树（自 2001 年开始），并将可再生资源用于一半的生产设备。

客户也可能被试验性或者代表特定生活方式的品牌吸引。这些品牌经营的策略不走寻常路，因此客户会觉得很酷。它们通过宣扬自己宏伟远大的使命吸引客户。Casper 是一个床垫品牌，它重新定义了人们购买床垫的方式，提高了人们的睡眠质量。在别的床垫品牌提供各种产品的时候，它却只卖一种，只卖最"完美"、睡眠质量最好的那一种。它采用线上销售、把床垫压缩进方便运输的 21 英寸 × 21 英寸 × 42 英寸⊖的盒子，不仅如此，它还提供 100 日试用期、免费运输和返现的服务。没有时间挑选模型的客户选用它可以减少时间和风险。但 Casper 能否持续地吸引客户，仍然需要时间的验证。

特斯拉也是一个吸引力很强的代表独特生活方式的品牌，能让客户愿意排队等几年买一台。埃隆·马斯克和史蒂夫·乔布斯一样有着很强的个人魅力，他讲述了一个引人入胜的、有关汽车未来和可持续能源前景的故事。特斯拉这样的品牌为客户带来展示自我的舞台，拥有一台特斯拉能让客户在有着极佳驾驶体验的同时表明自我的身份和地位。

还有很多客户会偏好那些拥有个性化产品和服务、满足客

---

⊖ 1 英寸 = 0.025 4 米。——编者注

户具体需求的品牌。当今世界的需求多种多样，市场也是千差万别的。汉堡王通过在20世纪70年代开展"我选我味"的活动，引发了食品定制化的风潮。

几十年后，定制化的风潮仍未退去。幸运的是，技术使得品牌可以更大程度地定制化。品牌可以用大数据分析了解个体用户的行为和偏好。用这种方法，品牌能够在合适的时间和地点为客户带来想要的产品和服务。NIKEiD是耐克旗下非常成功的一个大众定制化品牌，它让客户能够设计自己想要的鞋子和衣服。

**激发好奇心**

卡内基梅隆大学的乔治·勒文施泰因（George Loewenstein）给好奇心下了一个十分简单的定义：好奇心是已知和想知之间存在的信息隔阂所导致的缺失感。

心理学家让·皮亚杰（Jean Piaget）和丹尼尔·伯莱恩（Daniel Berlyne）分别发现了惊喜和好奇心之间的联系。皮亚杰认为好奇心呈一个倒U型曲线：人们在缺失感大的时候会有最强的好奇心，这也意味着我们的期望值和经历之间的差距最大。当我们没有期望时，也就不存在好奇心了。当我们的期待值较高时，我们希望避免找出"真相"，好奇心同样较小。伯莱恩也认为当人们面对惊喜时，他们的热情会被点燃，想要进一步探讨。

在营销中，好奇心的作用是带给客户适当却不过量的信息，因此，想要引发客户的好奇心，我们需要的是一种叫作内容营销的方法。内容营销是一系列创造和分配内容的活动，它与客户的生活相关，也与品牌本身有所联系。

有些情况下，品牌本身带来了内容，比如说通用电气，它带来有关科技的内容；还有蔡斯银行，它的网站上提供了有关财务计划和生活方式的有趣内容。

有的时候，客户在浏览和搜索网站时常常会遇到有趣的内容。进一步探索，他就会发现内容背后隐藏的品牌，并可能最终垂青这一品牌。通用电气的科幻播客"信息"和电子杂志 *Txchnologist* 都是很好的例子。还有《启程》杂志，这是一本有关旅游、时尚、购物、生活方式、艺术文化的精品杂志。在访问网站时，读者往往被美国运通的独家内容所吸引，该杂志最终在 2013 年被《时代》杂志公司收购。

内容构思和创造过程是内容营销的一部分，这个过程包含确定主题，使其连接客户和品牌的活动。构思的内容形式也多种多样，包括书面格式（文章、白皮书、案例分析、通讯稿、图书）和多媒体格式（信息图像、漫画、交互式图形、游戏、视频、电影）。

内容营销的另一半内容是内容的传播和扩大。内容同广告一样都必须选对媒体渠道，最简单的方法就是利用企业自己的媒体渠道，比如说媒体网站和社交媒体账号。如果还有额外的预算，也可以选择在本地的媒体付费频道刊登浸入式广告。浸入式广告一定要在著名的媒体进行，方式必须符合读者的使用习惯，容易被接受。当内容十分真实时，就可以通过口碑和社交媒体自动传播，我们称之为获得媒体（earned media）。为了实现这一目标，品牌需要积极进行社区营销和社交媒体营销。

想要利用客户的好奇心，好的营销人员往往能随时准备好客户所需的内容，让这些内容"可搜索""易分享"。谷歌提出了"即刻知道真相"（ZMOT）的说法，它指客户搜索并加工信息，为购买做准备的一种方法。ZMOT领先于品牌第一次接触的"真相第一刻"。谷歌的研究揭示了ZMOT的两大来源分别是"线上搜索"和"对话亲友"。营销人员需要确保客户在线上搜索或者问询自己亲友时，品牌的形象是可信的。

### 增加购买承诺

吸引并说服客户是增加品牌忠实粉丝的重要步骤，但这份工作仍任重道远。营销人员需要确保客户最后会购买和使用他们的产品。想象一下，客户在电视上看见一个品牌，随后会在网上搜索产品的信息。我们要让客户最后被品牌的理念说服，相信这个品牌是正确的选择。现在的客户偏好网上购物，但却经常发现偏远地区有些产品只能在实体店购买，这时客户可以决定是否要花费时间和精力跑过去购买。在这种情况下，品牌无法保证产品的供给，客户路径就会突然终止。而当实体店的体验——包括物质环境、促销和销售人员——无法满足客户期望时，这个进程也会终止。因此，锁定用户承诺的能力取决于渠道的可行性和改善用户体验的能力。

想让客户购买，我们需要联合营销渠道，为客户提供各种触点的、整合线上线下资源的服务。这包括客户在实体店、网站、移动应用、热线电话或者其他渠道的体验。其关键不在于给客户带来环绕式的触点，而在于为客户在不同渠道间带来无缝的体验。值得注意的是，客户是不相信渠道的，他们的视角中不存在不同的渠道，但却期望着在购买过程中享受无缝的体验。

由于不同的触点是不同的人怀着不同的目标、带着不同的预算进行管理的，想要实现无缝体验，就要连接组织的"孤岛"，而这通常会带来渠道间的摩擦。营销人员需要改变他们的孤立性，站在顾客的角度思考；他们需要用最完整的视角描绘客户的购买过程，确定不同渠道的作用，以说服客户购买。在这种情况下，渠道应该从市场专家（服务于特定的市场群体）和产品专家（售卖特定产品的人）的手中，转入活动专家（在客户路径上扮演重要角色的人）的手中。尽管每个渠道的作用各不相同，它们通常能独自带来一次完整的购买行为。

梅西百货就是一个很好的例子，几年前，梅西百货发现了线上和零售业务之间的关系。在搜索引擎优化上每投资 1 美元，店内购物就会增加 6 美元。这以后，梅西百货就一直尝试整合线上和线下的活动。客户可以选择直接在网站上购买梅西百货的产品，或者到就近的商店购买。

梅西百货实现了无渠道分化，为线上和线下的客户带来了无差别的购物服务。客户在想购物时就能购物的情况下，更容易做出购买的承诺。梅西百货结合了两大"孤岛"的预算，优化了开支，为最终带来最好的客户体验、创造最高的产值而努力。

沃尔格林也是一个例子，它的店面在美国无处不在，它可以通过移动 App 为任何客户带来定制化的服务。服务的及时性和相关性让客户愿意做出购买承诺，在周边的商店完成购买。移动 App 带动了全美每周超过 500 万人次的商店访问量，其中使用 App 的用户最后比只在实体店购买的客户平均多购买 6 次。

**增加亲和力**

目标远大的营销人员将购买完成视为更大潜在关系的起点，也是建立客户拥护的关键点。对大多数客户来说，售后体验，包括使用和售后服务，需要衡量的是产品和服务的表现是否符合营销人员做出的售前承诺。如果实际体验符合甚至超过预期，客户就会和品牌产生亲和关系，可能成为忠实的拥护者。最后，营销人员可以从客户那里赢得长时间的喜爱和认可。

为了改善售后体验，营销人员应该扩大触点，打破常规为客户带来更多互动的机会。营销人员还应该增加客户可以参与的活动，改善产品的性能和服务的体验。

随着品牌的人性化程度增加，客户参与度也变得越来越重要，它打破了企业和客户的界限，让他们成为朋友。在数字时代，根据客户的不同特征，营销人员应该平衡高接触和高科技之间的关系。更多形式的交互包括不同的客户服务界面、社交媒体交互、游戏机制。

丽嘉酒店因其人性化的用户参与一直久负盛名。它的连锁酒店总是让服务人员为住户带来意外惊喜。举例来说，当孩子的长颈鹿玩具丢了的时候，父母不得不给孩子讲个善意的谎话，说长颈鹿只是去度假了。而丽嘉酒店所做的就是证实这个故事，为长颈鹿的假期提供书面证明。

Zappos是一家线上鞋店，它因其人性化的客服热线而闻名。Zappos的快递是免费的，有一个女人曾订购了6双鞋，因为她的脚受伤了想找一双合适的，最后她决定留下两双并退回其他的鞋。经过一次愉快的电话交流后，Zappos甚至为她赠送了鲜花祝她早日康复。

社交媒体也是客户参与的有效工具。Rilling、Sanfey等人所做的研究揭示了社交媒体流行的原因。研究表明，对人类来说，面对面的交流比人对机交流需要更多的情感参与。通过即时信息软件和社交工具进行交流对人类来说十分便捷，如果客户不想有情绪上的需求，比如说不想抱怨客服不好时，他们就会选择使用线上服务。由J.D.Power所做的一项调查表明：67%的美国客户使用企业的社交媒体接受服务。

让客户参与到营销活动中的另一种方法就是游戏化，即品牌交互应用游戏机制。由于游戏具有趣味性、沉迷性和说服性，它们能让客户下意识地产生购买行为。

星巴克的奖励机制就是它和客户交互的一种方式，它为客户每次交易达成的各项成就和等级提供不同的奖励，包括各种折扣和奖品，其目标是促进客户多多购买。

沃尔格林也通过游戏机制鼓励客户参与。沃尔格林的App通过先进的定位功能，奖励那些通过步行、跑步、骑行保持良好生活习惯的人。华侨银行则与PlayMoolah联手，让孩子们在玩游戏的时候做财务的计划。这种游戏机制让孩子在不知不觉中意识到他们的行为会有更深的影响。

### 总结：购买行动率（PAR）和品牌推荐率（BAR）

结合5A客户购买模型，我们引入了新的测量指标，即购买行动率（PAR）和品牌推荐率（BAR）。这两种指标能够更好地衡量营销人员让客户从了解到购买，再到拥护的效率。本质上，PAR和BAR帮助营销人员衡量营销活动的生产力。

> **反思和问题**
> - 你的业务如何应用 PAR 和 BAR 两种新指标来衡量营销生产力?
> - 你的业务如何展开客户对话,在不明显增加预算的情况下扩大品牌知名度?

# 第 7 章

# 产业原型和最佳的营销手段

渠道、品牌、销售和服务管理

想理解市场的动向,我们就需要应用客户购买路径,因为它展示了客户从不知道一个品牌到耳熟能详、感兴趣、购买、再购买,甚至形成品牌口碑的全过程。

现实中每个客户购买的情况各不相同,且很复杂,经常是综合利用了多种传统和数码媒体。品牌所在的市场决定了客户路径的复杂程度,那些因价格较低、购买方便而风险较低的商品类别,其购买过程往往更简单;而如果商品的购买风险较大,通常客户参与度也较高,就需要较复杂、冗长的购买过程。此外,同一行业在不同地区的市场也存在客户路径的区别。

而即使在同一地区、同一行业类别,不同品牌的客户路径模式也各不相同。大品牌通常有更多的触点,让客户可以有多种不同的交互体验。而小的品牌则通常更贴近客户，其触点也相对有限。品牌目标客户群的不同和品牌定位策略的不同也会导致这种差异。

因此我们需要将复杂的客户路径简化统一成通用的 5A 模式，有了这样的通用模式，我们就能够找出符合几种关键产业的经典原型。尤其是在今天，科技的分化和创新的驱动使得产业间的界限变得模糊，使用 5A 模型，我们就能够了解其他行业如何迎接挑战，也能通过比较产品的品牌推荐率（BAR）掌握脱颖而出的方法。

## 四大产业原型

通过直观地比对 5A 过程中的四大转化率——吸引、好奇、承诺与亲和，我们可以更好地研究不同产业的关键特征。我们发现了四种主要的产业模式——"门把手式""金鱼式""喇叭式"和"漏斗式"，每一种模式都代表着一种独特的产业原型，并对应一种特殊的客户行为模式和一系列的挑战（见图 7-1）。

### 模式 1：门把手式

最主要也最常见的一种模式是门把手式，它最鲜明的特征是高度的购买承诺和低水平的好奇心。门把手式客户路径的经典案例就是消费性包装品（CPG）。

在这种模式下，客户不会花费时间调查并比较不同的商品选择，因为它们的价格点较低，客户也就觉得没必要了解太多。此外，购买行为通常是高频率的、习惯性的。因此，客户基于过去的经验，对于特定的品牌已经有了自己的期望和偏好。

图 7-1　产业原型示意图

通常的门把手式产业有着大量的客户群，也有大量的竞争品牌。由于客户有着情感上的偏好，许多同一类别的产品就算有着相似的品牌特征，也会在客户心中被分出高下。

购买通常是及时性的和冲动性的，其动因是产品的低价和促销。因此，各品牌在竞争时都会采用诱人的营销活动吸引客户，其花费也相当多。而这种特征也使得各大品牌为了增加自己的市场份额展开了大战。

客户购买门把手式产品的决定性因素通常是产品的供给。客户可能对产品不感兴趣，但最后因为购买的时候只有一种选择，也就只能买下了。

门把手式的另一关键特征是客户对于研究品牌的兴趣不高。许多购买的客户不会愿意推荐品牌。而由于客户花费较少，承担风险较少，品牌的营销优惠力度又很大，更换使用的情况时有发生。因此，许多品牌希望能通过增强客户参与度来提高客户的忠诚度。举例来说，可口可乐开展了"我的可乐奖品"活动，让客户通过购买可乐和完成游戏、在社交网站上互动，赢得积分，通过这些积分将会员等级分为铜、银和金，等级越高，权益就越大。

## 模式2：金鱼式

第二种主要的方式是金鱼式，其最独特的特点是客户的好奇度较高（问询＞吸引）。金鱼式的客户路径通常出现在企业对企业（B2B）的业务中。

在购买金鱼式产业的商品时，客户通常在购买前考虑多种因素。客户通常会先问问题，从第三方获取建议，并和竞争的品牌产生很多交流，最后才决定购买。在许多情况下，相互竞争的品牌都处在广告没作用、吸引力水平低的高度商业化产业，即使是大牌子也不能例外。竞争者通常无法展现并突出自己的与众不同，最终只能采用和其他品牌类似的方案。因此，客户通常会花费大量时间对比产品优劣，寻找最佳的一款。

购买过程通常十分漫长，参与者的利益需求也不尽相同。

大多数情况下，买家是复杂的购买组织，有着产品知识储备丰富、采购能力强的团队。买家和卖家都是特定的几家。因此，他们在问询阶段所做的研究和比对通常十分彻底，对同一品牌的评价结果也通常十分相似。许多情况下，客户亲和度才是最后的决定因素。

金鱼式产业的例子比较少，但也不是没有，在企业对消费者（B2C）市场模式中就能找到其踪迹，尤其是那些参与度高、价格点高、商品化程度高的产业。比如旅游业，在家庭旅游时，购物的参与决策由家长和孩子等多人决定，过程也十分漫长。问询程度较高还体现在客户路径里对利益和成本对比的过程中。

**模式3：喇叭式**

第三种模式是喇叭式，通常体现在豪车、名表、名牌手袋等生活奢侈品中。这种模式的独特性在于其高度的产品亲和力：购买喇叭式产品的客户通常信任品牌的质量，因此即使在不购买和使用的时候，他们也会推荐和拥护品牌。换句话说，拥护者的数量比实际的购买者要多（拥护＞行动）。

在购买喇叭式商品时，客户高度参与购买决策的进程。但他们的对比和评价过程却相对简单，这是因为这一类别的品牌通常已经有独特而强烈的质量名声。这种质量的认证通常是长期的较好口碑换来的。喜爱特定品牌的人通常是某种社区内的人，他们也在通过客户社区影响潜在的购买者。

由于价格高昂，许多的爱好者无法购买这一类别的产品但仍然十分感兴趣，他们愿意向他人推荐这些品牌。而即使当他们随后买得起这些牌子了，他们可能也买不到。这一类产品通常是专营的，这种稀有性吸引了潜在的客户，其营销人员也就不会把重点放在扩展渠道的工作上了。

尽管大多数的消费性包装品都是门把手模式的，其中的非处方药（OTC）通常属于喇叭式。非购买者愿意在目前不用的情况下推荐他们信赖的品牌。OTC 的喇叭式和生活品的喇叭式本质的区别在于不是所有的拥护者都要购买的原因。在购买生活方式奢侈品时，重要的是买得起、买得到。而买非处方药时，有的客户推荐一些品牌的药，但他们当时本身并不需要这种药；等他们需要买的时候，他们会知道买什么的。

## 模式 4：漏斗式

第四种主要的模式是传统的漏斗式，其中大多数的购买行为都是有计划的，客户也高度参与到购买决策中。事实上，这也是唯一一种需要客户走遍 5A 进程中每一步的模式。客户会咨询有关自己感兴趣的品牌，如果得来的信息让他们满意的话，他们就会最终买下。他们只有在亲身使用了之后才会拥护某种产品。漏斗式通常出现在耐用品和服务行业中。

在这一类别中，客户会进行 5A 的每一个环节，也就可能在任何一个环节退出，这时整体的客户体验也就变得十分重要了。而由于客户需要全方位的购物和使用体验，这一点也就越发重要。因此，门把手式的定位可能比较简单，而漏斗式的定位则必须深植于用户体验中。这一类别的品牌必须能够协调好广告（了解和吸引）、网站和客服热线（问询）、销售渠道（行动）和售后服务（拥护）等多种触点。

尽管这一类产品不存在频繁的更换行为，但客户一旦有了几次较差的体验，就可能会考虑其他品牌甚至换更好的品牌。由于客户一直想要的是更好的体验，这一类别的品牌也就最容易受到技术创新的影响。我们在第4章已经讨论过：较大的技术创新，尤其是高新技术相关的，通常发生在客户体验期望值较高的产业，比如耐用品和服务产业。因此这类品牌应该关注满足客户期望和客户体验的改变。

## 领结式——第5种模式

4种客户路径模式都有着固有的优点和缺点。我们结合了4种模式的优点，打造了一种理想的客户路径模式，这种模式因像对称的领结而得名（见图7-2）。

领结式反映了完美品牌应该有的关键要素。在面对领结式品牌时，了解品牌的人基于其久远的声誉愿意推荐和拥护品牌。这意味着品牌的推荐率数值为1（了解=拥护）。此外，品牌的影响力很大，慕名而来的人最终都愿意购买（了解=行动）。被品牌吸引的人不会都继续研究品牌，这体现了品牌定位的精准和好奇程度的恰当。门把手式、金鱼式、喇叭式、漏斗式都应该努力缩小与这种理想模式间的差距。

图 7-2　理想的领结式模型

将领结式叠加在其他模式上，我们就能发现其他模式的差距和改善的可能。门把手式的品牌路径可以通过建立售后参与机制提高品牌亲和力，而这正是许多消费性包装品品牌在客户"朝三暮四"的情况下所处的困境。喇叭式则需要让客户都买得起，提供更多买得到的渠道，特斯拉和其他稀有品牌都需要做到这些。

漏斗式模式下的品牌则需要改善购买承诺状况及亲和度。这一点正是许多耐用品和服务品牌平衡销售和售后服务的问题所在。而金鱼式客户路径的品牌面临的任务最繁重，它们不仅要让更多客户承诺购买，提高产品亲和力，更要吸引更多客户。企业对企业（B2B）商务的营销人员面对的往往是懂行的客户，他们的任务自然也就最重（见图7-3）。

图 7-3　改善不同产业原型的客户路径

## 四种模式的最佳营销手段

营销人员可以根据品牌推荐率（BAR）区分产业模式，品牌推荐率代表着客户愿意推荐品牌的程度。在推荐率中值较低的行业，客户通常不愿意推荐品牌，在这种产业中，口碑营销和社交媒体营销都行不通。而当推荐率中值较高时，客户就更可能愿意推荐一种或者多种产品，在这种情况下，口碑营销和社交媒体营销就十分有效。

BAR 范围，即 BAR 最高值和最低值之差，是衡量产业的一个有趣的指标。BAR 范围越宽，口碑优势就越大。BAR 值高的品牌领先于 BAR 值低的弱势品牌。BAR 值高的品牌有着较好的声誉，更容易被客户考虑在内，其优势十分明显。这种情况下"拉"的营销手段效率很高。而 BAR 值低的品牌反映了品牌竞争的劣势。这种情况下"推"的营销手段效率更高。但值得注意的是，BAR 所反映的市场占有率却不会总是反映在市场份额占有率上，反之亦然。

我们可以使用 BAR 中值和范围，用全新的方法将产业分为四种类型。在 BAR 中值高且范围广的产业中，客户通常愿意推荐几种行业领先的品牌。这种情况下，成功的关键就是品牌管理，即良好的品牌定位并通过营销活动对其执行。用户消费品是这种类别的一个缩影：客户可以从宝洁和欧莱雅这样的 CPG 领先企业学习最先进的品牌管理经验。

而在 BAR 中值较高但范围较窄的行业中，即使没有哪一家的 BAR 值遥遥领先，客户也愿意推荐特定的品牌。这一类别通常是本地特产品牌或者高度碎片化市场里同样具有较强竞争力的品牌。关键市场的渠道便捷性和产品可供性往往是获得成功的关键，因此，品牌成功的关键是良好的渠道管理，即为客户提供全面的渠道，促进他们购买。这一类的代表是零售业。百货商店、专卖店、电子商务网站一直都享受着客户的大力拥护，梅西百货和亚马逊这样的企业是营销人员学习的典范，让他们学习通过传统和数字媒体招揽客户的方法。

在 BAR 值较低而范围较广的行业中，客户尽管有时候会拥护行业领先的品牌，却通常不会推荐品牌。客户通常很少关注这些品牌，使用时好的体验和坏的体验基本是平衡的。行业领先的品牌通常能比其他的品牌带来更优质的服务和更高的客户亲和度。航空产业就是这一类的典型，Skytrax 咨询调查公司给出的世界十大航空公司中，来自中东和亚洲的卡塔尔航空和新加坡航空都提供了独特的服务。它们成功的关键正是服务管理，即优化服务过程、管理服务人员、改善服务实体。

最后一种则是有着较低 BAR 中值和较窄 BAR 范围的行业了，这些行业中竞争很激烈，客户也很少会推荐产品给他人。由于他人的口碑在这一行业中基本不发挥作用，各品牌必须努力把产品和服务推向市场。因此其关键就在于销售力管理，即管理销售人员的销售行为，推进有效的销售活动（见图 7-4）。

图 7-4　学习四种新市场典型的最佳手段

这种分组方式不是静态的。随着技术融合和创新的驱动，行业之间的高墙正在倒下。营销人员需要时刻警惕行业的浪潮，并随之调整营销的策略。

**总结：学习不同的产业**

我们研究了 5A 模式不同阶段的转化率，并将不同产业分为以下四类："门把手式""金鱼式""喇叭式""漏斗式"。不同的行业属于不同的模式，其客户行为模式和带来的挑战也不尽相同。我们还基于 BAR 数据进行了另一种分类，四种分类每一种都代表着独特的一种营销实践手段：品牌管理、渠道管理、服务管理、销售管理。

**反思和问题**

- 你的行业最像那种原型？基于这种模型，你的业务最有可能提升的环节是什么？
- 你的行业最关键的成功因素是什么？你如何借鉴其他行业的经验？

第三部分

# 策略营销在数字经济中的应用

# 第 8 章

## 以人为本的营销，提高品牌吸引力

打造朋友一样可信的品牌

近些年的营销学论文都将客户描述成最重要的参与者，但他们忽略了客户人性的一面。这种人性在数字时代尤为明显，因为客户并不完美，常常受到商业骗局的困扰，所以会选择建立社区强化自身地位。

营销人员需要顺应这种趋势，创造像人一样的品牌——可亲的、可爱的，但也是脆弱的。品牌应该不再那么令人生畏，而应该真实、诚信、承认缺点、避免装作完美。人本品牌的核心价值是把客户当作朋友，并旨在成为他们生活方式的一部分。

在《营销3.0》中，我们将人本营销视作消费者为中心的营销（营销2.0）和产品为中心的营销（营销1.0）的下一阶段。在人本营销中，营销人员眼中的客户是心智、心灵和精神完整的人，他们不仅会满足客户的功能和情感需求，还会服务于他们的潜在需求和渴望。

在迈向数字时代的营销4.0时，我们希望以人为本能变得更重要。营销人员需要进一步去感受这种营销，试想一下，假如人工智能和机器人像智能手机一样进入人类的日常生活，产生自动化工厂、无人汽车、声控家居机器人、机器人医生和机器人律师等新兴事物，世界将会怎样？许多专家学者都认为到2025年就会出现这样的景象。而在这种情况下，客户将比以往更加急切地寻找自身的定位，并提出这样的疑问：数字世界里的人类意味着什么？

我们认为人本营销仍然会是数字时代打造有吸引力的品牌的关键，因为人性化的品牌将会脱颖而出。首先我们要挖掘客户最潜在的渴望和需求，这要求我们仔细地研究和倾听"数字人类学"的诉求。而当客户的人性面已经被挖掘时，就是时候探索品牌的人性面了。品牌需要体现人本的属性，进而吸引客户，并打造人与人的连通关系。

## 用数字人类学视角理解人类

数字人类学关注的是人性和数字技术之间的联系，探索的是人与数字界面的交互、在技术环境中的行为、技术在人与人交互中的应用。它也可用于理解人类在数字时代理解品牌的方式和品牌吸引人的要素。

这一分支在人类学中历史还比较短，但最近它在发掘市场方面的应用使其迅速被营销人员所熟知。数字人种学为人本营销中的品牌提供了发掘客户潜在需求的、行之有效的方法。已经被营销人员普遍使用的几种方法包括社群聆听、网络志和同理心研究。

**社群聆听**

社群聆听是对互联网，尤其是社交媒体和线上社区中品牌风评的主动观测，通常采用社交媒体监测软件对社交对话中大量未处理的信息进行过滤，选出有用的客户情报。大数据分析是其常用的分析手段。

社群聆听是一种对内容营销的评价，旨在对品牌传播的内容展开的对话进行评估（见第9章）。它也是一种社交销售中发现机会、了解前景的实用工具（见第10章）。社群聆听也常被用于客户社交关系管理，对对话中的抱怨、负面情绪和其他可能导致品牌危机的内容进行确认（见第11章）。如果营销人员能够跟进有关他们和竞争对手品牌的社交对话，社群聆听就会成为竞争情报时的有效工具。

除了这些应用外，社群聆听在市场调查中也至关重要。在传统的市场调查中（比如说面对面访谈、电话调查、线上调查等），客户往往不会告诉营销人员他们的真实想法和做法，实际上就算他们想，也往往无法清楚地传达。还有，传统的小组式市场调查方法（比如焦点小组）常常无法捕捉客户所在社区中发生的社交动态，而社群聆听却能做到这一点，它能让客户更顺理成章地同其他客户谈论自己的所想所为。客户所在环境中发生的自然对话让他们得以表达自己最深的渴望和需求，也因此，社群聆听真正地捕捉到了各个社区的市场动态。

**网络志**

网络志是关注互联网的人种志，它由罗伯特·柯兹奈斯（Robert Kozinets）提出，利用人种志方法研究人在数码部落和线上社区的行为。网络志和人种志相似，希望通过"无声"的方式进入人类社区，在不引人注目的前提下进行研究。

网络志和社群聆听之间的关键区别在于网络志通常需要研究者以网民的身份积极参与到社区中。网络志研究者加入社区，融入其中的对话与关系，与成员形成共鸣。因此，网络志本身就是市场调研进程中的一种人与人的交互。

许多情况下，网络志是社群聆听的下一阶段。社群聆听能有效地帮助网络志研究者确认需要参与的社区，这些有着丰富研究资源的社区通常是由客户本身，而非企业所主导的，其关注的主题是特定的，流量和活跃人数都十分可观。多数情况下，网络志研究者必须最终展现其目的并征求社区成员的同意。

社群聆听通常使用社交媒体监控软件自动形成数据评估，

而网络志要求研究者综合自己的研究成果。网络志要求研究者反思观察到的内容和作为社区一分子的个人感受。因此，网络志要求研究者能与客户形成高度的共鸣，以及并非所有人都具备的一系列技能。

### 同理心研究

同理心研究是人性化设计（HCD）的先导，是由 IDEO 和青蛙这样的设计公司引领的，在调查中涉及人的观点和共鸣研究的一种方法。它通常包括对客户社区的观察和投入，其目的是发掘客户的潜在需求。同理心研究不同于社群聆听和网络志，需要的是亲身调研、对话、头脑风暴，还要联合研究者和社区成员，共同形成最贴合的观点。因此，同理心研究是最接近传统人种学的方法。

为了保证一个综合且丰富的人文研究视角，研究过程通常需要多学科团队的参与，包括心理学家、人类学家、产品设计师、工程师、营销者等。团队成员通常亲自参与到客户社区，观察他们的悲喜。每一个成员都有不同的背景，其结论也各自不同，因此团队成员需要利用一系列头脑风暴整合自己的发现。通过这种方法形成的观点通常能让产品发展、用户体验、品牌活动的发展给用户带来惊喜。

成年社群就是一个例子。万通和 IDEO 联合开展了一个同理心研究，得出的结论是，千禧一代内心深处都想掌握一定的财务知识，因此两家公司联合创办了成年社群，为千禧一代提供私人课程和财务咨询服务，形式新潮、放松、让人安心，就像是咖啡厅一样。同时这里还提供电子工具帮助百万富翁进行财务规划。其最终的目的是将财务规划变成千禧一代的社会和网络生活中不可或缺的一部分。

## 打造人本品牌的六个属性

人本营销至关重要的第一步，是通过数字人种学了解客户的人性面，以及展现品牌人性化的特点来吸引客户。

斯蒂芬·桑普森（Stephen Sampson）在《无冕之领袖》（*Leaders without Titles*）一书中，将那些尽管地位不优于他人，但却拥有吸引他人的六种特质的人称为有远见的领袖。这六种特质包括体力、智力、社交能力、热情、个性和道德。这六种品质塑造完整的人格，使人们成为道德模范。品牌想要不逾矩地做客户的朋友，就必须也具备这六种属性。

### 物质性（对应体力）

身体条件出众的人往往比他人有着更强的营销力，因此同理，想要影响顾客，品牌也要有物质上的吸引力，这种吸引力能让不够完美的它们脱颖而出。

对品牌来说，物质吸引力可以来自精心设计的 Logo 和别出心裁的广告语等。谷歌和 MTV 的动态 Logo 组合就让它们不再依赖于静态的文字，变得更加灵活。应用谷歌涂鸦这一概念，谷歌总能用全新的 Logo 纪念不同的人和事件。

物质的吸引力也可以是精美的产品设计和优秀的客户体验设计。以苹果公司为例，苹果公司不仅在产品设计方面领先他人，在用户界面设计上也是首屈一指。它的用户界面设计十分简洁，即使不是资深网民也不会被难倒；它的商店设计也同样是零售行业的榜样。

### 智力

智力是人类获得知识、思考、产生想法的能力，它与打破常规的思维方式和创新能力密切相关。而有着"高智力"的品牌要有创新性，还应该能发掘不同以往商家和客户所见的服务和产品，进而展现其有效解决客户问题的能力。

特斯拉在最开始启用著名发明家尼古拉·特斯拉的名字时，就承诺将尊重其名字，不断创新。果然没有让人们失望，特斯拉靠着电动汽车、汽车分析和自动导航技术，成为创新领域的排头兵。特斯拉的智力性让它无须广告就能吸引大批粉丝。

优步和 Airbnb 这样的新兴企业也通过提供连接客户和服务供应商的服务，展现了其优秀的智力性。优步和 Airbnb 作为共享经济的两大拥护者，是客户心中的智能品牌。

### 社交能力

拥有良好社交能力的人在与人交往时充满自信,言行举止间都展现优秀的交流技巧。与之相似,有着强烈社会性的品牌敢于和客户展开对话,听取客户的意见,了解客户间的对话;它们也承担责任、回答问询并处理意见。这些品牌往往能通过多种媒体渠道定期与客户沟通,它们在社交媒体上推送的内容吸引了客户的关注。

举例来说,Denny's 餐厅就打造了一个可亲、有趣、招人喜爱的品牌社会形象,定期在推特上推送幽默的评论和笑话,让人们喜爱并转发,这让品牌显得十分人性化。Denny's 餐厅成为人们可以亲近的朋友,也就自然获得了很多良好的口碑。Zappos 也是一个十分社交化的品牌,它让客户可以连着打几个小时的电话给客服热线,讨论鞋子和其他的事情,它最长的客服电话记录时间为 10 小时 43 分钟。

### 热情

能够用热情感动他人、影响他人的人都是十分有营销力的人。唤起共鸣的品牌自然会获得客户的青睐,它们有时通过振奋人心的消息推送与客户达成情感联系,有时则用诙谐的一面吸引客户。

多芬就是一个情感充沛的品牌。作为一个人性化的品牌,多芬通过鼓励女性热爱自己、赏识自己真实的美丽回答了关于自信心的社会问题。多芬用超过十年的大众营销，成功地与全世界的女性达成了情感共鸣。

多力多滋（Doritos，百事的一款薯片产品）则在其超级碗50周年"超声"广告特辑中做了截然不同的示范。广告中的女性正在做孕期超声检查，而她的丈夫却在吃多力多滋薯片，广告最终以婴儿出生就想吃薯片的结局结束。其反响也十分两极化，有的人认为它十分好笑，有的人则认为这令人不适。此外，一项人脸识别技术表明，广告最易让人有情感共鸣，且这种情感是多种多样的。

## 个性

个性鲜明的人往往有着自我认知，清楚自己擅长什么，也承认自己仍然需要学习，并展示了自信和自我提升的动力。同样，有着强烈个性的品牌清楚地明白自己的立身之本，但它们也不害怕去展露缺点并为自己的行为负担全部责任。

举例来说，巴塔哥尼亚（Patagonia，美国户外品牌）拥有象征社会和环境适应力的品牌精神，并力图减少商业运作对环境和社会产生的负面影响。它的"足迹记事"让客户可以追溯产品的原产地，见证产品的社会和环境足迹。品牌有信心去诚实地展示商业进程的瑕疵和对环境仍存在的伤害，但也会展示自己改善的决心。

达美乐比萨公司是另一个例子。2010年，品牌大胆地承认其产品的不足。在广告中，他们公开分享了客户对产品的反馈，并改善了比萨配方，重新把它们呈现给差评者。这种勇敢承担责任的态度，使品牌显得更加人性化。

**道德**

道德良好是指品格高尚且有诚信。品格良好的人有能力分辨是非，更重要的是，他们有勇气去做正确的事。与此相似，品格优良的品牌是价值驱动的，将道德准则考虑在商业决策的每个环节中。事实上，有的品牌将有道德的经商之道视为核心竞争力，即使当消费者行为不当时，这些品牌也能坚守承诺。

比如说联合利华，就在 2010 年启动了联合利华可持续发展计划，旨在到 2020 年将商业规模翻一番，同时将环境足迹（对环境的负面影响）减一半；并将改善数百万人的生活质量，提升超过 10 亿人的幸福感。这种自上而下的企业道德准则激发了企业创造更多人性化品牌的决心。比如家乐（Knorr）帮助尼日利亚对抗营养不良问题，和路雪（Wall's）在印度鼓励小型企业创业的举措，以及奥妙（Omo）在巴西开展的节水活动。

**总结：当品牌有了人性**

在以人为本的时代，越来越多的品牌积累了更多的人的特性，这需要品牌通过社群聆听、网络志和同理心研究发掘客户内心最深的需求和渴望。品牌要打造人性化的一面，才能更好地满足这些需求和渴望。人性化的品牌应该具有物质吸引力、智力性、社交性、情感吸引力、强烈的个性和高尚的道德。

**反思与问题：**

- 你的客户最深的渴望和需求是什么？
- 你的品牌有人性化的特质吗？想让品牌更加人性化，你有哪些措施？

## 第 9 章

# 品牌内容营销，引发客户好奇心

展开引人入胜的对话

## 内容是最新的广告，#标签是最新的标语

简单来说，内容营销就是包含创造、组织、分配、详述过程，涉及有趣、贴切、有用的内容，目标是与特定的用户群展开有关内容的对话的营销方法。内容营销也被视作除了品牌新闻和出版物之外，又一种能在品牌和客户间营造深层关系的工具。内容营销做得好的品牌，能提供给客户高品质的原创内容和品牌生产过程中的趣闻。内容营销让客户从品牌拥护者转变成品牌故事的说书人。

在今天，大多数企业都将内容营销玩到了一个新的高度。内容营销协会和 MarketingProfs 所做的一项调查显示，2016 年北美 76% 的 B2C 企业和 88% 的 B2B 企业都采用了内容营销。B2B 企业在内容营销花费上的预算有 28%，B2C 企业则为

32%。营销人员认为内容已经成为新的广告,而社交媒体内容发布中的标签则扮演了传统标语的角色。

近些年内容营销一直是个热词,也一直在被人们当作数字经济中未来的广告。互联网的透明性催生了内容营销的想法,互联网的连通性则让客户可以看到品牌的真实面貌。今天的营销人员需要跨过的最大的坎就是:客户对广告的内容往往不会照单全收,他们更愿意向亲人和朋友征求中肯的意见。客户会通过向所在社区的亲友问询,亲自弄清楚品牌声称的内容是否属实。

营销广告缺乏吸引力的事实对营销人员来说无疑雪上加霜:营销人员的关键任务是传达品牌的价值和定位。付费媒体上能够承担的有限时间和空间让他们只能通过广告大展拳脚,将复杂的信息传达给客户。但今天的客户却总会对那些不够贴合自己的品牌价值和信息嗤之以鼻。

社交媒体在这种转变中扮演了重要的角色。过去的客户通过广告在内的传统媒体收听各种各样的信息,没有选择内容的权力。是社交媒体改变了这一切,让客户可以自主生成更加可信、明显、有吸引力的内容。社交媒体内容的自发性和按需分配性让其活力十足,因为客户可以随时随地选择自己需要的内容。

社交媒体上的广告无法打断客户浏览内容的过程。举例来说,YouTube 的视频广告可以在 5 秒后跳过,这开启了不爱看就跳过的广告界先例,被人们称为"在可以跳过的世界的 5 秒挑战"。品牌和广告商要是不能在前 5 秒抓住眼球,也就没法抱怨客户跳过广告的行为了。

这一现象也适用于社交媒体上的品牌内容和赞助内容(品牌通过非常规的广告形式提供的内容)。客户要是认为这些内容跟自己不相关,就不会在上面浪费时间。越是观看人数多的广告、订阅人数多的频道,其内容往往越会是原创的,而不是品牌推销自己的内容。

尽管面临着重重挑战,营销者仍然意识到了社交媒体的价值,它们给营销人员带来了机会,让他们可以跳过传统的媒体中介,直接和客户进行交流。传统的媒体做的是信息的广播,而社交媒体却能带来更多的对话。这种双向的方式更加有效,成本也更低,因此更多的企业和品牌都开始通过社交媒体上的内容营销去弥补传统广告的不足。这种行为的目标是最终打造营销的自媒体,减少对传统媒体的依赖。

然而问题在于,营销人员常常将内容营销视为广告的另一种形式,而将社交媒体视为广播类媒体的另一种形式。有的营销人员对内容不加修改,就照搬在社交媒体上,把它看作一种加强的版本。

我们认为营销人员需要一种新的思维,内容营销的确可以被看作一种新的广告,但两者的本质却截然不同。广告是品牌销售产品和服务所需传达的信息,而内容包含的则是客户达成自我和工作目标所需要的信息。

2015年，一项基于成千上万YouTube的TrueView广告进行的研究表明，客户不会跳过的广告形式有故事、人脸和一些动画；同时，在起初5秒加上品牌Logo能够增加品牌的吸引力，但也会减少广告的观看时间。营销人员需要明白，他们眼中的好内容不一定是客户眼中的好内容，而最终，客户的定义才说了算。

品牌想要一直吸引客户，就需要时不时地发布那些不会直接对品牌产生贡献、促进销量的，但是却对消费者有价值的内容。

举例来说，嬉芒网（Hipmunk）是一家线上旅游公司，它的内容营销策略是提供一本叫作《顺风》（*Tailwind*）的旅游杂志，为客户带来旅游常用的信息。杂志中最近刊登了一篇名为"英国脱欧对夏日游意味着什么？"的文章，讨论了英国脱离欧盟对美国游客的影响。还有一些栏目会提供诸如世界各国小费标准和主要航线的行李规定等有用的信息。

最有趣的是，嬉芒网还开发了一款人工智能的旅游管家，让客户不用先做攻略就能出游。客户只需要向hello@hipmunk.com发送邮件，表明旅游意向，就会收到有关旅游推荐的信息反馈。客户如果给嬉芒网软件访问谷歌日历和旅行地位置信息的权限，就会收到景点信息的推荐。而由于旅游业是"金鱼式"（见第7章）的，其问询度很高，因此嬉芒网所提供的内容就大大减少了客户做攻略的需要,让客户进一步接近"领结式"的体验。

## 按部就班的内容营销

本质上,内容营销包括内容生产和内容分配两部分。有效的内容营销活动要求营销人员在室内或者从外部资源生成原创内容,并通过最佳的渠道对内容进行分配。然而,内容营销策略中最常见的缺陷就是不进行前期和后期活动就直接开始生产和分配活动。接下来我们列出了内容营销中心营销人员需要遵守的八步。营销人员需要在每一步都做好检查后才能进入下一步(见图9-1)。

**❶ 设定目标**
通过内容营销你想达成的目标是什么?
- 品牌建立目标
- 销售增长目标

**❷ 受众定位**
你的客户是谁?他们的需求和渴望是什么?
- 客户信息和偏好
- 客户需求和渴望

**❸ 内容创意和计划**
整体计划如何?内容路线是怎样的?
- 内容主题
- 内容形式和组合
- 内容主线和日程

**❹ 内容创作**
何人在何时何地生产了这些内容?
- 内容发布者,内容和外部人员
- 内容分配计划

**❺ 内容分配**
你想要如何分配生产出来的内容?
- 自有渠道
- 付费渠道
- 获得渠道

**❻ 内容推广**
你将如何利用内容与客户互动?
- 围绕内容展开对话
- 用好热点和热词

**❼ 内容营销评估**
你的内容营销有多成功?
- 内容营销指标
- 整体目标达成情况

**❽ 内容营销优化**
你如何改善现有的营销活动?
- 改变主题
- 优化内容
- 改善分配和推广

图9-1 内容营销八步走

## 第一步：设定目标

在踏上内容营销之旅前，营销人员需要明确自己的目标。目的地不清晰的话，很有可能在内容创作和分配时迷了路。营销目标需要与整体商业目标相符，并设定其关键标准对营销进行评价。

内容营销目标应该分为两大类：第一类是销售目标，包括销路拓展、交易达成、交叉销售、追加销售和销售咨询；第二类是品牌目标，包括品牌知名度、品牌联想、品牌忠诚度。大多数内容营销者都有两种类别的多种目标。内容营销协会报告说，超过80%的B2C（企业对消费者）公司使用图像、照片、电子通信、视频和网站软文，而超过80%的B2B（企业对企业）公司使用案例研究、博客、电子通信和面对面的活动。

明确的目标可以让营销人员更好地设计营销策略。如果目标与销售契合度更高，营销者就要保证内容营销渠道与销售渠道一致。Birchbox是一家线上美妆产品订购服务商，它曾经发布了一段关于养护头发秘诀的视频。为了实现销售目标，Birchbox在视频窗的旁边投放了"买下这个故事"的窗口，让感兴趣的顾客点进去，购买故事内容附带的产品。

而如果品牌目标更重要，营销人员就要保证营销内容与品牌特征相符。举例来说，高露洁的"口腔护理中心"让人们一想到高露洁就会自动联想到口腔专家的形象。在印度，高露洁的口腔护理中心应用连接了牙医和潜在的客户，进而在这两个群体中都大大地提升了品牌形象。

## 第二步：受众定位

一旦目标清晰了，营销人员就需要决定品牌关注的受众。营销人员不能仅仅将受众定义为"我们的客户""年轻一代""决策者"等笼统的形象。通过细分受众群体，营销人员可以创造更细致深入的内容，讲好品牌的故事。

传统的定义中，受众群体分类方式有地理、人种、心理和行为，最终的分类往往是依据客户行为进行的。道格拉斯·霍尔特（Douglas Holt）认为，内容营销的话题应该能够引起特定亚文化群（比如自学、3D打印、观鸟和塑身爱好者）的兴趣，因为他们更容易团结在一起，自发地进行内容传播。大多数的亚文化群都会被新奇的、非主流的话题聚集在一起，因此内容营销者应该在观察时找出不同寻常的内容。此外，大多数的亚文化活动者都会扩大品牌的影响。

在定位了客户群体后，营销人员需要对他们进行描述和分析，从而更好地联想现实生活中受众的特征；并通过研究调查，对受众的需求、渴望、痛点进行发掘，了解他们对内容的特定需求。营销人员带来的内容应该能够解决客户的这些需求和渴望。

举例来说，Airbnb致力于为客户提供贴近本地人生活的旅游体验,而不是传统的游客式旅游。因此 Airbnb 给出了旅游热点的"本地化名单",这本 PDF 格式的小册子描绘了本地人会做的事和会去的地方,尽管仍然算是导游手册,它采用的却是本地人的视角。明确的受众定位让 Airbnb 的内容变得更有吸引力。

## 第三步:内容创意和计划

下一步就是找出内容的创意,制订可行的计划。成功的内容营销活动需要结合相关的主题、合适的形式和切实的叙述。

营销人员在寻找主题时应该考虑两件事。首先,好的内容应该贴近客户的生活。信息这么繁杂,营销的内容想要不被略过,就必须对受众有着特定的意义,帮助他们解决内心的渴望和需求。其次,有效的内容应该能够反映品牌的特征和准则,这意味着内容应该是连接品牌故事和客户需求的桥梁。营销的内容应该是品牌产生差别化并传承下去的手段,这也是营销 3.0 的终极目标。这要求营销人员深刻思考品牌的使命,也就是比价值更深层的追求。通用电气发现了科技发烧友和未来主义者的兴趣,推出了电子杂志 *Txchnologist*,并一直尝试为品牌打造有科幻色彩的故事。

营销人员还应该找出合适的内容形式。内容可以是书面形式的,如新闻稿、文章、通讯稿、白皮书、案例分析和书籍,也可以是虚拟形式的,如信息图形、漫画、交互式图形、PPT、游戏、视频、微电影甚至院线电影。据内容营销协会报道，80%以上的B2C公司都使用插图、照片、电子通讯稿、视频、网文，而80%以上的B2B公司使用案例分析、播客、电子通讯稿、现场活动。

谷歌的研究表明，今天有90%的媒体互动是通过某种屏幕进行的，在这种多屏内容营销的趋势下，营销人员需要用多种形式来确保内容可以被受众看到。

在创意和计划阶段营销人员需要关注的另一点是内容的叙述。内容营销通常是分段的，用不同的故事分支支撑整体的故事线。诚然内容营销往往在客户路径的早期阶段，尤其是吸引和问询阶段的效果更佳，但内容仍应该贯穿整个路径。因此关键在于选对形式和顺序。

## 第四步：内容创作

我们所讨论的一切活动都是为了最重要的一步，也就是内容创作本身。成功的内容营销人员都明白，内容的创作绝不是一朝一夕、三心二意就能做到的，它需要的是时间和预算上的持续投入。如果内容的质量不够高，内容原创性不够高、不够丰富，内容营销活动就成了浪费时间，甚至会适得其反。

有些品牌会选择自己生产内容，比如美国运通出版社，它为富人提供了高质量的文章，包括《悦旅》和《美食与美酒》等刊物。当银行监管开始限制其发展后，该出版社被卖给了

《时代》公司。

内容创作本身就算得上一个产业了。它要求营销人员按照那些有着许多编辑和作家的出版商的方式行事。能够在内部创造良好内容的企业应该保持着新闻业和编辑的高标准，而不能偏向自己的品牌，他们也应该学习好莱坞厂商的娱乐精神和讲故事的能力。

内容创作没有确切的起始和结束时间，它是一个持续的进程。因此，营销人员需要确保自己有着长期的从内部生产内容的能力。如果不能的话，就要考虑从外部获取助力了，其中最简单的方法就是外包给职业的内容生产者——记者、编剧、动画设计师、摄像师。

当然企业也可以考虑赞助第三方资源所生产的内容。《纽约时报》曾经指出一个令人惊讶的事实：读者花费在赞助广告和新闻上的时间其实是差不多的。万事达公司曾经发布过一篇关于赞助广告的文章，标题为"不度假的开销也很大"，详细讨论了没有假期的开支。又或者企业可以选择扶持用户创作的内容，比如喜力（Heineken）的创意啤酒厂，邀请客户制作并分享视频和图片，重新定义未来的生啤畅想模式。

## 第五步：内容分配

内容的质量再高，倘若不能进入受众的视野也是没有用的。在各种内容的海洋中，很多内容很容易就迷失了踪迹。营销人员需要通过合适的内容分配途径让客户发现自己的品牌。内容营销虽然诞生于数字时代，但却并非人们所想的那样总是通过数字媒体的渠道进行的。有的内容形式和分配渠道都不是数字化的。就算是数字原住民的内容营销，也会涉及非数字化手段。Zappos 的《奉上幸福》和亚马逊的《一网打尽》都是非数字化内容分配的例子。此外，内容营销协会的研究表明，北美的 B2B 和 B2C 营销人员都承认，现场活动才是内容营销最有效的模式，因为现场内容营销所提供的人与人的交互是数字内容营销所无法提供的。

内容营销者可以使用三种媒体：自有媒体、付费媒体和获得媒体（earned media）。品牌自有媒体包括其旗下和完全拥有的媒体渠道。品牌可以随时通过自有媒体频道发布内容，这些频道包括公司经营的品牌出版社、公司活动、网站、博客、网络社区、电子通讯稿、社交媒体账号、手机通知和手机应用等。而这些媒体所面向的往往都是品牌已有的客户。就算这些媒体是免费的，搭建和管理它们也显然需要大量的内部资源。

品牌的付费媒体，是品牌为分配内容而支付使用的频道，包括电子媒体、印刷媒体、户外媒体等传统媒体和数字媒体。在网络世界中，最常见的付费媒体包括广告牌、出版社网络、搜索引擎推荐、付费的社交媒体投放和移动广告媒体。品牌依照媒体的印象数（内容的曝光次数）和行动数（用户通过点击、注册、购买进入下一步的次数）进行付费。付费媒体通常被用作吸引并获得新的客户，扩大品牌知名度，为自有媒体带来流量。

品牌的获得媒体则包括品牌通过口碑或者用户所获得的曝光和提及。当内容质量很高时，客户会觉得有义务在社交媒体和社区内宣传，也就形成了品牌的口碑。强势的公共关系和媒体经营也能带来获得媒体的曝光度。获得媒体往往需要自有媒体和付费媒体的协助，才能产生这种免费的效应。

### 第六步：内容推广

想要最好地实现获得媒体的内容分配，关键在于内容的推广。受众的条件各不相同，而如果内容到了目标群体的意见领袖手中，就会迅速传播开来。营销者要做的第一件事就是找出这些人，这些人往往是社区中受到尊敬的、拥有数量可观的粉丝群的人物。他们自己通常就是内容的生产者，并通过长时间提供优质的内容积累了自己的影响力，是社区里公认的专家。

这些意见领袖所背书和传播的品牌内容往往质量并不一定尽如人意。这时候就是互惠主义发挥了作用，关键在于企业和品牌要同这些意见领袖形成共赢关系，保证意见领袖把这些内容视为提升影响力的手段。有的意见领袖还想要扩大自己的影响力，营销人员要做的就是为他们打开更大的市场。

一旦内容被推广开来，营销人员就要通过参与对话来跟进，听取有关内容的对话。如果对话规模够大，媒体渠道够多，对话的影响力会是惊人的。因此营销者需要认真去选择参与的对话。

### 第七步：内容营销评估

内容营销成功与否的评估是内容分配后的重要环节，它包括对战略和策略执行的计量。战略上来看，营销人员应该考虑内容营销战略是否实现了第一步中的销售和品牌目标。由于这些目标与整体的商业目标是一致的，评估的进程也就可以与品牌的整体表现评估挂钩。

策略上讲，营销人员还要评估关键的内容营销指标，而这些指标的选定取决于形式和媒体的选择。营销人员需要在社群聆听和分析工具的帮助下评价内容的表现。内容的评估有五种指标：能见度（了解）、相关度（吸引）、搜索度（问询）、行动力（行动）和分享性（拥护）。

能见度指标研究的是内容接收和知晓的情况，较为常见的有曝光度（内容浏览的次数）、特定观看（真正阅读的次数）、品牌回忆（回想起品牌名称的概率）。而相关度衡量的是品牌吸引客户兴趣的能力，其指标包括人均访问页数（人们在内容网站上阅读的页数）、跳出率（看了一页就走的人数比）、停留时间（每次访问的时长）等。搜索度指标通常研究的是使用搜索引擎的人是否容易发现内容。其中重要的指标包括搜索引擎位置（内容在关键词搜索后出现的位置）和搜索引擎参考率（搜索引擎带来的网站访问）。

行动力指标是最重要的一项指标，它衡量的是内容引发客户购买行动的能力，其指标通常有点击率（点击和浏览人数的比率）、问询到行动转化率（完成注册和购买等特定行动的客户比率）。营销人员最终要研究内容分配的分享情况，也就是拥护的情况。分享性指标包括分享率（分享和浏览人数的比率）和互动率（举例来说，推特上的互动率是按转发、收藏、回复和提及等分享性行动的数量衡量的）。

## 第八步：内容营销优化

内容营销相比于传统营销的关键优势在于它的可问责性：我们可以对其内容主题、内容形式和分配渠道的表现进行跟踪。业绩跟踪能够带来大大小小的机会，让企业可以分析并确定提升的机遇在哪里。这也意味着内容营销人员能够简单轻松地用新的内容主题、形式、分配渠道进行营销实验。

内容的动态性决定了营销的提升也是阶段式的。营销人员应该衡量评估的结果以及未来的前景，并决定什么时候应该改变营销策略。然而，要明白，内容营销通常需要时间才能产生影响，因此坚持下去是很有必要的。

### 总结：用内容开展对话

越来越多的营销人员的工作重点正在从广告向内容营销转移。我们需要改变思维方式，不能再一味地去宣传品牌的价值信息，而是传播对客户有用有价值的信息。在内容营销的过程中，我们需要关注的是内容的产出和分配，但也需要合适的生产前和分配后的活动。因此，营销人员想要同客户展开对话，需要完成内容营销的八个步骤。

### 反思与问题

- 你认为什么内容对客户是有价值的？
- 你的内容如何讲好品牌的故事？
- 你将如何实施你的内容营销战略？

# 第 10 章

# 多渠道营销，实现品牌承诺

整合传统和数字的媒体与体验

## 多渠道营销的兴起

想象一个场景，消费者通过电视广告了解了一个产品，然后跑到附近的店面体验产品，最后经过了比对和咨询店员后，客户最终确定了产品的优越性，随后在网上搜索并以较低的价格买下这件商品。

再想象一下，客户通过网络广告了解到了产品，然后用手机在社交媒体上搜索更多的相关信息，然后访问产品比价网站进行快速的比较，最终他确定了产品的优越性，找到最近的实体店，并买下了这件商品。

前一种场景叫作"展厅销售"，而后一种则叫作"反展厅销售"，两者都是数字时代常见的购物场景。客户越来越移动化和多平台化，不断地从一个渠道向另一个渠道流动，在线上和线下间切换，他们所期待的，是无缝连续的用户体验。但不幸的是，传统的营销渠道无法为这种转变提供合理的支持，它们往往相互孤立，各自有自己的目标和战略，这使得企业错失了绝佳的机遇。

营销人员进行销售和渠道交流时应该适应这种新的变化。数字时代的客户路径不总是直线型的，有时甚至可能是螺旋上升的。此外，客户在购买过程中的触点往往是多样的。营销人员需要通过实体和线上的渠道指引客户的每一步操作。只要客户想要购买，他们就要保证随时随地"在线"。

多渠道营销是指整合多种渠道，创造无缝持续的客户体验，这就要求打破分割的渠道，统一目标和战略。这样才能确保两类渠道都能促进客户做出购买的承诺。

多渠道营销的作用已经被证实，由国际数据公司所做的一项调查显示，多渠道买家实现的人生价值比单渠道的要多30%。梅西百货还发现多渠道买家的购买力是单渠道买家的8倍。一旦有了选择，决定购买时，又恰好能买到，客户的承诺就很容易兑现。

也因此，处于行业领先地位的企业实行多渠道营销已经有年头了。梅西百货是多渠道营销的代言人，自2008年就开始实施这一战略了。梅西和沃尔玛这样的零售商最开始只将多渠道营销视作电子商务兴起的结果，而如今却将整合线上线下的渠道视为巨大的盈利机遇。作为回击，亚马逊也通过在西雅图开设实体店，并引入能自动订购家用商品的 Dash 按钮，尝试迈入实体市场。数据表明，多渠道营销规模增长迅速，这种趋势若能结合技术，就将很快把多渠道营销变为主流。

**趋势 1：即时经济下聚焦移动商务**

随着客户移动性和互联性的增强，时间已经成了他们生活中最稀缺的资源。他们选择的品牌都是获取方便、交易便捷的，他们期待企业能够即刻满足他们的需求，快递的速度往往和产品服务本身一样重要。在即时经济中，优步和 Airbnb 这样可以连接买家和卖家的即时商家如雨后春笋一般出现。

有人认为这是因为手机的存在。没有什么比移动手机更加贴近客户的生活了，也没有什么渠道能像手机一样私人又便利。因此，随着新兴企业和品牌涌入市场，手机市场接纳它们的程度也是史无前例的。

据互联网零售商门户统计，2015 年美国移动商务占到了电子商务总规模的 30%，这代表着有越来越多的客户选择用手机购物，因此企业一定要将移动设备放在多渠道营销的核心位置上。

举例来说，英国宝马现在为客户提供了在线购车的服务，客户只需扫描户外广告和印刷品的宝马汽车图片，就能访问有关网站，了解产品详情，并完成购买，整个过程花费的时间只有 10 秒。

另一大类——可穿戴设备，将进一步促进这种趋势。同手机一样，可穿戴设备也是最为贴近消费者的产品。实际上，客户每分每秒都带着这些设备，这种亲密性让营销人员可以借此收集客户购买过程中的信息。据欧睿信息公司数据估计，可穿戴设备销售总额到 2020 年将超过 3.05 亿件，即时经济的步伐丝毫没有减慢。

### 趋势 2：将反展厅效应带入线下渠道

零售商店中，客户常常面对着橱窗里琳琅满目的商品，却很难做出购买的抉择。营销人员要做的就是在嘈杂的环境中引导客户完成选择和购买。

类似 Beacon 灯塔蓝牙设备、近场通讯、无线射频识别这样的感应技术让反展厅现象走进了商店，解决了营销人员面临的难题。苹果商店、游戏驿站和梅西百货这样的零售商可以将 Beacon 蓝牙设备布置在商场各处，让客户使用蓝牙与 Beacon 交流，近距离实现机对机的交互，也让零售商锁定店内的客户。此外，零售商还可以了解客户经常访问的分店和逗留的时间；同时通过蓝牙设备向客户的手机发送定制化的信息。当零售商收集了大量的客户行为数据（比如购买记录）后，它们提供的内容就更加定制化，客户也就更加容易购买。

有时候，客户的确被这些定制化的信息打动了，但他们仍然会觉得有必要评估一下，所以就会上网搜索信息。如果信息证实了他们的兴趣合理，最终他们就会购买。博柏利就在店内应用了传感技术，为店内的衣服装上了无线射频识别的标签，客户穿上衣服后，就会激活穿衣镜，透过镜子可以看到产品的信息视频。而法国的卡西诺超市则为产品贴上了近场通讯标签，客户用手机敲一下标签，就能了解到产品的细节，卡西诺还会帮助客户完成购买过程，客户扫扫标签就能把产品加到虚拟的购物车中查看。

使用机对机的交互连通性（物联网）让反展厅购物的简洁性和及时性可以改善线下的购物体验，让线下渠道用数字内容与客户形成互动，促成他们的购买。这种方式显著地改善了多渠道购物的体验，更帮助营销人员提高了销量。

### 趋势 3：将展厅效应带入线上渠道

在数字时代，客户无须费力，随时都能购买产品和服务，他们还能用丰富而可信的内容资源辅助自己进行决策。但线上渠道似乎永远都不能完全取代线下渠道，线下购物讲求的是运用五感亲身体验产品的优劣。尤其是零售购物，讲求的是生活方式和状态，人们在线下购物时期待的是看到别人和被别人看见，与他人交流。

营销人员可以采用展厅策略，将线下购物的优点引入线上购物中。韩国的乐购分公司就是一个例子，韩国人的工作时长是世界上最长的，他们常常会觉得到店里买东西太麻烦了，因此乐购在地铁站等公共场所建起了虚拟商店，繁忙的消费者可以用手机上的"家＋应用"扫描产品信息，在等车的时候就能购物。乐购会安排快递，在客户回家后把产品送过去。

还有宜家也一样，宜家意识到了客户想找到合适的家具往往很难，就用自己的 AR 应用和产品传单尝试解决这个问题。通过在目标位置发放产品传单，宜家让客户能够用手机应用扫描并预览家具的使用效果。

这种展厅方法让客户可以运用感官，在虚拟的空间了解商品并购物，并且保持与他人的交流。这种方式为线上渠道带来了线下的体验，还解决了线上购物带来的其他问题。

**用大数据优化多渠道购物体验**

近些年，展厅购物和反展厅购物极大地依赖于手机和可穿戴设备等移动设备，因为这些设备是客户体验的主战场。除了作为用户界面之外，移动设备还是有效的数据收集工具。移动设备是连接数字世界和线下世界的桥梁，使营销人员可以了解消费者线上线下购物的全过程，这在过去是无法想象的。营销人员可以收集到的数据包括客户的人口学数据、线下购物记录、网络浏览记录、社交媒体访问记录、产品和推送偏好、交易记录等。

营销人员如果能捕捉这些有用的信息，就能改善渠道的运营；了解了客户的去向和时间，就能优化商店布局和视觉设计；

确定了哪种促销活动更有效，就能有区分地推送，避免发送垃圾邮件；搞清楚客户每时每刻所在的位置，就能给他们带来实时的服务；了解历史购物记录，就能预测消费者未来会买什么。这些最后都会为营销人员满足未来客户的需求提供机遇。

想要提高销售额，整合品牌交互渠道，带来多渠道的整体体验，营销人员就要搞清楚移动商务、展厅购物和反展厅购物这些热门的趋势。

## 按部就班的多渠道营销

想要制定优秀的多渠道购物战略，营销人员需要更加细致地看待客户路径，标出 5A 过程中所有可能的渠道和触点。而由于触点和渠道的组合多种多样，营销人员需要找出最流行的组合，多渠道的营销也应该关注这些最流行的渠道。

### 第一步：描绘客户路径所有可能的触点和渠道

制定多渠道的购物战略，第一步就是描绘 5A 进程中所有可能的触点和渠道（见图 10-1）。触点是每一种线上线下、直接与非直接的、客户与品牌和其他客户交流品牌相关内容时的交流活动。通常我们将触点描述为 5A 过程中客户的具体行为，比如说在了解阶段的客户触点就包含了解产品，而在行动阶段就变成了购买产品、使用产品和产品服务。

第10章 多渠道营销，实现品牌承诺 125

图10-1 描绘客户路径上的触点和渠道

而渠道则指的是任何客户同品牌交互的线上或线下的媒介。渠道包括两大类，交流渠道和销售渠道。其中交流渠道包括所有传达内容和信息的渠道，比如电视、纸媒、社交媒体、内容网站、客服中心等。而销售渠道包括所有交易所需的渠道，比如零售店、销售人员、电子商务网站、电商专员和产品展。有时候这两种渠道联系紧密，很难清楚地分隔开。

一个触点可能涉及一个或者多个渠道，举例来说，客户可能通过多种资源了解到产品：纸质广告、网上广告、客服中心和销售人员。同样一种渠道也可能为多个触点服务，举例来说，客服中心既是客户了解产品的渠道，也是下订单的方法之一。这些触点和渠道的相互交织确保了客户能够享受到无缝贴合的体验。

对营销人员来说，触点和渠道越多，品牌的市场占有率就越高，但制订多渠道营销战略也就越难。在制订计划时，营销人员需要在市场占有率和简洁性之间寻找平衡。

## 第二步：找出关键的触点和渠道

每个客户选择的触点和渠道组合顺序都可能是不同的，我们称之为客户路径场景。举例来说，买车的人可能在网上看到广告，点进去，然后访问内容网站了解汽车信息，随后完成试驾，并决定购买，这是一种场景。还有一种场景，客户也可能在电视上看到广告，打电话给客服，预约试驾，最后决定购买。

场景的多样化最终会为多渠道营销决策带来更多的变数。

因此我们要关注的是最有代表性且重要的内容。帕累托法则认为，80%的客户都在效仿其他20%的客户的购买场景。企业应该把资源集中在最重要的触点和渠道上，才能创造无缝的客户体验（见图10-2）。

图 10-2　找出关键的触点和渠道

## 第三步：改善并整合关键的触点和渠道

下一步要做的就是评估并改善这些关键触点和关键渠道，实现成功的多渠道营销。企业应该分配额外的财务资源到这些重要的环节上。

想要营造真正多渠道的体验，企业需要建立组织结构保证战略的实施，更需要打破组织孤岛，统筹企业内部的各个部门，共同实现无缝持续的用户体验。许多情况下，企业如果能统筹不同渠道的部门以及它们的目标和预算，就能实现最佳的效果，让它们共同协作，跨渠道找出最合理的分配方式和实现目标的方法。目标只有一个，就是用多渠道营销实现最高的销售额和最佳的体验。

至于那些无法实现跨渠道合作的企业，它们可以激励所有的员工，让他们都愿意为多渠道营销做出贡献。举例来说，就算购买是在线上完成的，企业也可以激励客服，让他们去说服客户购买。这种联合的激励策略能让组织内的每一个人都动起来。

### 总结：整合最佳的线上和线下渠道

客户在不同渠道间来来回回，却希望能获得无缝持续的用户体验。面对这一现实，营销人员要努力整合线上线下渠道，说服客户最终购买。营销人员应该结合线上世界的及时性和线下世界的亲密性，想要做到这一点，就要关注那些关键的触点和渠道，并让员工形成组织，共同支持多渠道营销战略的实施。

### 反思与问题：

- 你的行业最重要的客户触点和渠道是什么？
- 你是怎样统筹渠道，为客户创造无缝体验的？

# 第 11 章

## 互动营销，赢得品牌亲和力

利用手机应用、社会化客户关系管理和游戏化的力量

让客户从了解到最终完成购买，营销人员就完成了所谓的一次销售循环。营销人员关注客户购买路径的这一部分可以理解，但他们绝不可以忽视从行动到拥护的最后一步。而这一步就是数字营销区别于传统营销的地方。数字经济中，移动互联和社交媒体社区的迅速扩张极大地扩大了品牌拥护者的影响力。

把起初的买家变为忠实的拥护者需要一系列的互动活动，在数字时代，有三种行之有效的增进互动的方式：第一种是使用移动应用（App）改善用户体验；第二种是使用社会化客户关系管理（social CRM）为客户带来发言权和解决方案；第三种是使用游戏化引导客户行为，从而增强互动。这三种方法并非彼此独立，营销人员应该把它们结合起来，实现最佳的效果。

## 改善移动应用用户体验

据《爱立信移动市场报告》预测,到 2020 年,70% 的全球人口将拥有智能手机,80% 的移动数据流量将来自智能手机。问题在于,由智能手机主导的市场需要的到底是什么?

消费者日常生活中的很多活动都严重依赖于智能手机。皮尤研究中心称,在美国,大多数手机持有者都会用手机阅读新闻、分享信息、了解社区动态;德勤的研究则表明,美国人平均每天要查看手机 46 次左右。阿尔卡特-朗讯在巴西、日本、英国和美国四国开展了一项售后服务调查,结果表明相比于服务台,智能手机用户更喜欢使用自助服务应用。人们越来越依赖手机,常常寸步不离,这也使得手机成为与客户互动的最佳渠道。因此,利用手机 App 接触并与客户完成互动已经势在必行。

全球 100 强企业多数都在通过手机 App 和客户互动,这些 App 的用途多种多样。首先,可以作为搭载视频和游戏内容的媒体,比如使用增强现实(AR)技术的精灵宝可梦 Go,人们走到新的地方,就会在屏幕上找到新的宝可梦精灵(一种虚拟的生物),这引得他们到处跑来跑去。

其次,手机应用也可以是客户使用账户、进行交易的自服务渠道。沃尔格林和丰田金融服务等软件都是例子,丰田金融服务让客户可以用软件管理账号,甚至完成购车。沃尔格林则让客户按方抓药、打印照片、使用优惠券等。

最后，手机应用也可以融入整体的产品和服务体验环节中。这一点尤其体现在汽车行业中，比如宝马远程助理（BMW remote）软件就可以解锁和锁定用户的宝马车，并可以远程遥控汽车鸣笛或亮灯，方便用户找到。奥迪的多媒体交互系统（MMI Connect）软件则提供图片导航功能，让用户可以用手机向车载导航系统发送含有地理编码的图片。其他行业也有例子，比如说 DirecTV 就让用户可以随时随地打造属于自己的家庭影院，收看电视节目。这些手机应用都可以有效地整合并改善最核心的用户体验。

有了手机应用的这三种用途，客户就可以实现与品牌畅通无阻的交流，把品牌装在"口袋"中。同时，企业也可以通过高效率的用户交互界面减少成本。

想要开发一款好的应用，营销人员需要做到以下几步：首先要决定用途，即产品能为用户实现的目标；其次要设计关键功能与用户界面；最后，营销人员还需要思考为实现完美的用户体验所需的后台支持。

## 第一步：确定使用用途

营销人员需要合理开展市场调研，发掘客户痛点，尤其是在产品服务体验上的遗憾；并通过这些痛点挖掘品牌应该具有的功能。企业应该能够描述软件为客户生活带来的便捷性。

举例来说，欧莱雅发现客户在网上购买化妆品时，面临的最大障碍是无法得知产品适用情况。因此，欧莱雅开发了一款名为化妆天才（Makeup Genius）的软件，用增强现实（AR）技术将手机相机变成一面虚拟的镜子，客户就可以亲身体验欧莱雅的产品。提前预览了产品效果后，客户还可以在社交媒体上分享结果。

### 第二步：设计关键功能和用户界面

一旦产品的用途确定了，营销人员就需要进一步设计其核心功能。手机应用的发展大方向是 SoLoMo（社交化、定位化、移动化），成功的品牌应用总是有着合作与共享的特征（社交化）、基于定位的功能（定位化）、运动功能（移动化）。

这种应用的典范就是耐克的 Nike+ 跑步俱乐部应用，它集社交、定位、运动的功能于一体。用户可以查询自己的跑步数据（定位化），还可以随时接受运动指导（移动化）。他们还可以上传跑步的照片和数据到社交媒体，与朋友比赛（社交化）。

下一步则是确保用户界面即使对于不熟悉手机应用的人也足够友好。最关键的是保证应用的简单易操作，让客户无须学习就能快速上手。

### 第三步：整合后台操作

大多数应用的用户界面都不能离开后台系统的支持，营销人员需要将那些对于用户体验至关重要，但却往往被客户忽略的因素整合起来。

这种整合通常要涉及后勤部门、实体商店、其他媒体渠道和三方合作伙伴。举例来说，沃尔格林的手机应用让病人可以享受全套的健康服务，按方抓药，甚至进行视频问诊。沃尔格林为了实现无缝的用户体验，需要确保应用与实体店订单系统的完美衔接，还要和 MDLive（一款医疗服务应用）合作，利用其医生网络，实现手机上的问诊。

## 提供社会化客户管理方案

近些年，社交媒体的兴起势不可当，据皮尤研究中心调查显示，2015 年有 65% 的美国成年人都使用社交媒体，在 2005 年这一比例还只有 7%。2016 年全球社交媒体用户达到了 23 亿人，占世界人口的 31%，这一数据来源于 We Are Social 研究机构。

品牌利用社交媒体与客户互动已成大势。英国互联网广告局研究显示，90% 的客户在社交媒体上与品牌互动后都愿意去推荐它。NM Incite 的研究则表明，客户如果享受过良好的品牌关怀，成为品牌拥护者的概率是原来的 3 倍。因此，社交化客户关系管理（下简称社会化 CRM）——使用社交媒体管理与客户的品牌互动，建立长期关系——就成为客户参与的重要工具。

社会化 CRM 是传统客户关系管理的重大革新，传统 CRM 往往是企业主导的，而社会化 CRM 则是客户主导的。传统 CRM 中，企业选用自己偏好的渠道和客户交流，比如说电子邮件和客服热线。而在社会化 CRM 中，客户则通过社交媒体上的咨询主动展开对话。而由于社交的动态化，问题很难掩盖隔离，潜在客户在内的所有人都能看到品牌的回应，并选择参与到对话中。

社会化 CRM 主要有三种用途，第一种就是听取客户的心声。品牌可以通过社交媒体获得大量的有关品牌的对话，并从中提炼有用的观点。第二种则是让品牌参与到大众对话中，让企业建立团队，评论并影响对话，使其向有利于自己的方向发展。第三种是可以用于应对可能导致品牌危机的风评，让企业防患于未然，尽早给出解决方案。

尽管两者十分相像，社会化 CRM 和社交媒体营销还是有区别的。社交媒体营销是指使用社交媒体传达品牌信息和内容（见第 9 章），而社会化 CRM 则是指用社交媒体解决客户的问题。但好的社会化 CRM 所带来的良好体验，还可能转化成社交媒体营销活动。由于社交平台的碎片化，社交媒体营销往往更加动态，因此，品牌需要投放到多种社交媒体平台，接触更多客户，持续跟进最新的社交媒体平台趋势。但社会化 CRM 却相对更稳定，毕竟不是所有的社交媒体平台都适合开展持续的对话。

有些时候，社交媒体营销和社会化 CRM 是共存的，两者可以组合，可以分离，各有其优势和侧重。有的品牌会使用不同的社交媒体账号，一个用来做内容营销，一个用来做社会化 CRM。举例来说，耐克使用 nike.com 做主账号进行内容营销，使用 nikesupport.com 做社会化 CRM。两个账号的组织分工往往是分开的，各自有自己的负责团队和目标。社会化 CRM 出现了问题并不会影响主账号。但这样做也有弱点，那就是其受众也被分割了。社交媒体营销账号通常更加受欢迎，两种账号的对话风格也往往很难统一。

还有的品牌会用一个账号做两件事情，以此统一品牌的风格和受众，但这也为品牌带来了明显的风险。一旦风评出现问题，所有的受众都能看得到。Seamless 是一家在线订餐服务公司，它就只有一个推特账号，且一直以及时回应客户问询而闻名。但有的时候，如果出现了危机，比如说订餐系统出现故障时，它的社交媒体上就会变得全是差评。

### 第一步：提高感知与反馈能力

社交媒体中进行的对话量是惊人的，而且不是所有的客户都会直接向品牌询问产品信息，人们通常只会在朋友闲谈时不经意地提起这些品牌。因此，社会化 CRM 需要具备社群聆听的算法，对社交媒体上有关自己品牌的对话进行监控、过滤、优化。算法应该能够识别对话的行动点，及时参与并引导对话走向；能够找出可能导致品牌危机的公众焦虑与负面评价。只有这样，企业才能有机会防患于未然，而想要有效实现这些目标，企业可以运用多种软件手段。

### 第二步：培养并授权社会化客户关系管理代理

之前提到，社会化 CRM 无法完全实现自主化。社交媒体的本质是人与人交互的平台，因此，品牌想要打造社会化的 CRM 平台，就要招募并培养社会化客户关系管理的代理，让他们能够恰当地展现品牌与客户的契合度。这些代理的个人特征和情怀也应该能够代表品牌的特质，代表品牌与客户沟通。

由于社交媒体上的对话多种多样，这些代理应该有着较强的知识储备，并可以参照品牌的历史记录和解决方案。品牌还要鼓励这些代理相互分享自己的故事，加快学习进度。这些代理往往无法提供即时的解决方案，而是要彼此合作共同解决问题。因此，系统还要有效地将这些代理与其他因素和成员结合起来。

### 第三步：利用社区参与

企业应该意识到，在未来想要面面俱到地照顾所有社交媒体中的对话是不可能的。必须完成从传统的一对一的客户关系管理到社交化的多对多的客户关系管理的思维转变。企业不该再忙于参与对话，而是应该让品牌拥护者成为免费的广告。

有时候，让拥护者去解决负面评论往往能拉品牌一把，因为客户的可靠性让他们更容易获得信赖。社会化 CRM 的终极形态应该是连接客户与社区的自助平台，许多已有的社会化 CRM 社区都将游戏化作为奖励社区成员贡献的一种手段。举例来说，思科公司的社区中有很多专家和 IT 从业者，它把社区建设成了能够答疑的线上支持系统，对于那些答疑的成员，思科公司会奖励荣誉点和徽章以示鼓励。

## 用游戏化实现目的

游戏化，就是将游戏机制应用于非游戏环境中的行为，是一种增强客户互动的有效手段。游戏化通常用于增强两种环境的互动：客户忠诚度和社区。尽管看法呈两极化趋势，近些年的游戏化应用领域仍在逐渐扩大。皮尤研究中心采访了 1 000 名科技企业股东和评论家，调查结果表明：有 53% 的人认为到 2020 年游戏化会成为主流，而有 42% 的人则认为游戏化的应用只会在有限的几个领域中。

客户忠诚度计划中最早的游戏化应用体现在航空行业中，航空公司会奖励那些一直选用自己航班的乘客。频繁飞行计划通过记录乘客的累计里程数或积分，为他们兑换航程和其他相关的产品和服务。这些计划多数设立了客户等级，那些较高等级的乘客，也就是所说的精英乘客，也就会享受更多的特权。

游戏化还经常用于网络客户社区中。举例来说，猫途鹰就通过游戏化来增强客户参与度。在客户忠诚度计划中，客户的动力来自可兑换奖励的积分，而在客户社区中，这种动力变成了信誉点，也就是所说的徽章。猫途鹰品牌对用户生成内容的依赖度很高，这就要求其能够不断获得稳定、新颖、高质量的客户评价。

为实现这一条件，猫途鹰为那些对社区有贡献的客户颁发徽章表示嘉奖，评论家也会更加有动力继续写评论。从菜鸟评论家（1篇评论）到评论大师（超过50篇），共分六级，另外还有专家徽章，比如旅店、饭店、名胜等单独的类别对应的专家；以及护照徽章，用来奖励去过至少两个国度的评论家。评论家会收到自己排名的邮件，并为了提升排名而继续创作。鼓励用户完成任务，鼓励彼此竞争，这些游戏化的机制，都在建立持续互动方面取得了不错的成效。

游戏化能成为促进互动的终极法宝有几个原因。首先，游戏化利用了人们想要取得更高成就，渴望被认可的心理。有的人是被奖励吸引的，有的人则是期待自我实现。像游戏一样，游戏化实现更高等级的过程也容易让人上瘾。因此，客户与企业的持续互动会产生更强的品牌吸引力。

此外，游戏化还有着很强的可信度，客户只有完成了特定的任务，比如说购买产品或者推荐给朋友，才会受到奖励。而由于特权是和等级挂钩的，企业只会给那些名副其实的人奖励。因此，做好营销预算是很有用的，企业想要获得一定的盈利，就先要算好需要投入多少。积分和里数，如果可以兑换的话，就会成为十分可靠的虚拟货币。对企业来说，可以兑现的积分就是可靠的资产负债表。

更重要的是，游戏化与数字经济中的技术融合紧密相关。游戏化是交易或非交易活动中，收集数据的有效方法，有利于实现定制化和个性化。而客户分级也能让企业关注到它们最重要的一部分客户。大数据分析则让它们了解客户的行为模式，有效实现营销的自动化（比如说个人化销售、交叉销售、向上销售）。

营销人员想要使用游戏化实现客户互动，通常需要按照三步走。他们需要确定通过游戏化想要触发的客户行为。一旦目标确定了，营销人员则需要进一步确定客户如何能参与到游戏化环节中，如何实现升级和降级。在不同层级中，营销人员需要设计好确定的认可和奖励，激励用户向上走。

## 第一步：确定想要触发的行为

游戏化项目一般是想要促进一些行为。客户完成了任务，就会获得积分，营销人员最想促进的行为就是购买、介绍、支付等交易性行为。买得越多，客户的积分也就越高。星巴克的奖励机制中，买得越多，客户就可以兑换越多的免费食物和饮品。游戏化的环节还能让客户介绍新客户，比如说优步就赠送给那些邀请朋友注册并使用的用户一些免费的里程数或者优惠。LendUp 是一家网络借贷公司，它的客户是那些信用评级较差，存款都是负数的人，因此它会鼓励客户及时还款，赢得分数。

当然营销人员还会鼓励客户去完成非交易性的任务。之前讨论过，游戏化的环节能让客户写下评论。亚马逊用最佳用户评论和名人堂功能筛选出认真积极填写评论的用户。此外，客户还会被鼓励提供个人信息。举例来说，星巴克奖励给过生日的客户免费的饮品，以此收集他们的生日信息。最后，营销人员还会鼓励客户培养良好的习惯，改正恶习。举例来说，LendUp 会奖励给那些观看教育视频的客户积分，而这些视频讲的是如何提高自己的信用评级。AchieveMint 是一家创业公司，它使用健康软件追踪客户参与健身活动的情况，并奖励积分，这些积分可以兑换成商品或者现金。PlayMoolah 是一家新加坡的公司，它用游戏化的内核去教导儿童如何更好地理财。

### 第二步：制定客户登记标准和分级标准

在客户实现第一笔交易或者注册填写个人信息，因此赚得第一笔积分时，有的企业就自动实现了客户登记。完成登记后，客户就可以完成其他任务，获得更多积分，提升社区地位。大多数的企业将客户状态分为不同层级，比如说金、银、铜，以此更好地管理关系和成本。所有的层级都对应特定的特权，也就对应了特定的维护成本。分级还使得企业能够关注每个客户的终生价值，锁定那些最有价值的人。因此，当客户等级有所提升，享受的特权和服务更好，他们就会感觉到实现了价值。而由于我们可以衡量客户的终生价值和维护成本，也就可以确定每个客户的盈利效率。

丝芙兰是一家法国连锁美妆产品销售商，它有着三层客户等级。最低一级是入门级的 Beauty Insider，无须购买，注册即可加入，这一层级的会员也能享有免费的生日礼物和免费试用产品等特权。客户消费一定数额后，就可以进入 VIB（真正的会员）和 VIB Rouge（红卡会员）两个层级。

客户分级还让企业能够有序地跟进每个客户的吸引力和购买力情况。用客户路径来看的话，客户分级是分析客户所处阶段的指南。等级越高，客户的参与度就越高，也就越接近品牌拥护者这一阶段。因此，分级使得企业能够找出最活跃热情的客户群体，并把这些客户变为品牌的拥护者。

为了在激励客户的同时管控成本，有的企业推出了惩罚机制，对行为不当的客户进行降级甚至等级重置。举例来说，当客户超过一段时间没有登录，没有达到积分要求，或者积分过剩，都可能受到惩罚。这种机制是否适用于某一企业，要取决于客户的特征和游戏化环节的成本结构。

## 第三步：设定认证和奖励

下一步就是要为客户的不同等级设定专属的特权和奖励了。好的特权要有其专有性，不经环节认证无法获得，还要能够带来专属产品或者折扣。举例来说，LendUp 就为不同等级的客户提供不同利率的贷款，等级越高，利率就越低。而丝芙兰则为 VIB 会员提供了试用新品的权利。同样，特权还可以是客户界面的通道，举例来说，客服专线和客服定制化都是高等级客户经常享受的权利。

还有一种越来越多的奖励是即时奖励，无须等待积累的过程，即刻兑换。比如说在线旅游网站 Orbitz 就让客户可以无须等待，即刻兑换积分，获得现金，当然也可以选择存下来，这种机制叫作 Orbucks。有的时候，即时奖励无须分级系统，比如说，麦当劳开心套餐就会随餐附带免费的玩具，供客户收集。

---

### 总结：手机应用、社会化客户关系管理和游戏化

想要让购买者变成拥护者，营销人员需要一系列的客户互动策略。数字时代增强互动的策略中，已经证实行之有效的主流技巧有三种：第一种是使用手机应用改善用户体验；第二种是使用社会化客户关系管理为客户带来参与感，解决客户的问题；第三种是使用游戏化刺激客户完成预期的行为。

> **反思与问题**
> - 手机应用、社会化 CRM 和游戏化如何帮助我们与客户互动？
> - 你的行业中想要落实这些客户互动环节，所面临的挑战是什么？

结语

# 准备好 WOW 惊叹吧

曾经有一名来自得克萨斯州的创业者，他叫蒋甲，由于在起步筹集资金时经历了几次失败，他很害怕遭到拒绝。为了克服这种心理障碍，他决定拟定 100 个可笑的请求，用 100 天直面他人的拒绝。在如愿被拒绝了几天后，他来到了"卡卡圈坊"（Krispy Kreme），没想到的是，这一次他的请求被接受了，任务也就失败了。

"卡卡圈坊"一名叫杰姬·勃劳恩的店员按照他的请求，为他做了一盒形似奥运五环的甜甜圈，甚至连颜色都是对应的。本期待着被拒绝的蒋甲却收获了他的 WOW 时刻，而这一视频⊖被上传到 YouTube 上后，收获了超过 500 万的浏览量。天啊！

⊖ 视频地址：https://www.youtube.com/watch?v=7Ax2CsVbrX0。

## WOW 是什么

从蒋甲的故事中，我们了解到 WOW 就是客户在遇到难以名状的惊喜时表现出的情绪。我们还了解到构成 WOW 的因素有三方面。其一，WOW 要让人惊讶，当某人有一定的期望值，而结果超出这个值时，他就会发出惊叹。超出期望值的事件就是 WOW 的来源。其二，WOW 是个人化的，只有通过个人体验才能触发。蒋甲如果没有这个奇怪的请求，他在卡卡圈坊的待遇也就和别人没有区别了。个人深藏的需求一旦得到满足也会引发 WOW 时刻。但往往不是所有消费者都能清楚地说明自己想要什么。其三，WOW 是有传播性的。经历了 WOW 时刻的人会自主向他人传播这一信息。蒋甲的事件为卡卡圈坊带来了免费的宣传，让 500 万人了解了它的额外服务。WOW 因素不会每天都出现在商务实践中，但一旦出现机会，我们就一定要抓住，因为 WOW 因素最后会让客户成为忠实的拥护者。

综合这些因素来看，WOW 时刻的出现是随机的，那么企业和品牌能够主动创造 WOW 时刻吗？答案是肯定的。

在营销 4.0 时代，只有优秀的产品和服务才能成为商品，而 WOW 因素就是品牌脱颖而出的关键。企业和品牌绝不能仅仅依靠机会，而是要通过设计策略，完善设施和进程，培训人员，实现 5A 路径上的 WOW 时刻。

## 享受、体验、参与：WOW

在客户购买过程中，企业和品牌应该努力创新，提升品牌互动。客户眼中的产品层次有三：享受、体验、参与。

只关注产品质量的企业和品牌为客户带来的只有享受，他们所关注的产品和服务发展是为了满足客户的需求。

而能够看得更远的企业和品牌，往往能为客户带来良好的客户体验。通过服务计划和设计，它们为客户带来的是差异化的实体店和线上服务体验。

最后，那些站在最高点的企业和品牌往往能让客户能够参与决策，使他们能够展现自己的地位。通过改善客户体验，并提供足以改变生活方式的定制化，它们实现了客户最深的需求和渴望。

## 你准备好了吗

企业和品牌中的佼佼者都不会把 WOW 时刻交给运气，而是会自己去设计和创造。他们努力引导客户从了解到拥护品牌，并创造性地让客户从享受到体验，再到参与。你是他们中的一员吗？

# 索 引

## A

AchieveMint（一个组织），140
Act Stage 行动阶段，51
Action metrics 行动力指标，116
Advocacy 拥护，见品牌拥护
Advocate stage 拥护阶段，51
Agents，social CRM（社会化 CRM），133-137
AIDA（引起注意，诱发兴趣，刺激欲望，促成购买），47
Airbnb，9，109-110
Alcatel-Lucent 阿尔卡特 - 朗讯，130
Amazon 亚马逊，3，6
    数字技术，35-36
    技术入侵，15
    游戏化，140
    多渠道，120
    实体渠道，18
    刊物，113

    销售渠道，87
American Express 美国运通，71
American Express Publishing 美国运通出版社，111-112
Anderson 克里斯·安德森，8
Appeal phase 吸引阶段，50
Apple 苹果，18，98
Apple Music 苹果音乐
    闯入市场，15
    发行，36
    年轻人的喜爱，28
App（移动应用）
    整合后台操作，132-133
    整体的产品和服务体验环节，131
    设计功能和界面，132
    全球化的使用，130-131
    使用案例，132
Archetypes 原型
    领结式，84-85
    门把手式，79-81

漏斗式，83-84

金鱼式，81-82

喇叭式，82-83

Arvind Eye Care System 亚拉文眼科医疗系统，5-6

Asian economy 亚洲经济，5

Ask stage 问询阶段，50-51

ATM transactions ATM 机交易，18

Attraction 吸引力

增加，68-70

水平低，81

物质性，97-98

Audi 奥迪，131

Audience mapping 受众定位，109-110

Aware phase 了解阶段，50

## B

B2B 企业对企业商务模式，103-104，111

Bank of America 美国银行，18

BAR，见品牌推荐率

Barletta 马莎·巴丽塔，29

Bartos 丽娜·巴托斯，29

Beauty Insider（丝芙兰客户等级），141

Berlyne 丹尼尔·伯莱恩，70

Best practices 最佳营销手段，86-89

Bieber 贾斯汀·比伯，28

Bill and Melinda Gates Foundation 比尔及梅琳达·盖茨基金会，3

Birchbox，17-18，108

Bissell 必胜家居，15

Blockbuster（DVD 租赁公司），35

BMW 宝马，131

BMW, UK 宝马英国，120-121

Body Shop 美体小铺，7-8，68

Boarders（连锁书店），35

Brand advocacy 品牌拥护

定义，21

人口学差异，24-26

促进客户的品牌拥护，54-57

衡量，21-23

指标，59-60

提高，51

种类，22

Brand advocacy ratio 品牌推荐率（BAR）

最佳营销手段，86-89

客户路径的可能性，78-79

分解，62-66

定义，60-62

提高，67

价值，61-62

Brand affinity 品牌亲和度

游戏化，137-142

增加，74-76

水平，64-65

移动应用，130-133

社会化客户管理，133-137

Brand productivity strategies 品牌生产力策略

增加亲和力，74-76

增加吸引力，68-70

激发好奇心，70-72

增加购买承诺，72-74

Brands 品牌，另见人本品牌

拥护，21-23

客户确认品牌信息，51

吸引力，68-70

品牌特质，39

好奇心程度，64

客户和客户关系，9-10，38

差异化，38

与数字市场，36

高门槛，14-15

4A 模型，47-48

人本品牌，68-70，75

忠诚度，20-21

更容易被记住的品牌，50

定位，39-40

闲谈，4

了解，49

Braun 杰姬·勃劳恩，144

BRI 印度尼西亚人民银行，68-69

Brick-and-mortar stores 实体商店，见线下经济

Burberry 博柏利，122

Bureau of Labor Statistics 美国劳工统计局，31

Burger King 汉堡王，70

Business 商业

包容性，7-8

资源，126-128

产业分支，7

## C

Casper（床垫品牌），69

Cellular phones 移动电话，6-7，16，120

Channels 渠道

无渠道分化，74

统计数据，123

概念，41

渠道整合，128

线下渠道，122

实体渠道，17-18

分享经济，41

展厅效应，122-123

Chase bank 蔡斯银行，71

CNN 美国有线电视新闻网，3，19

Coca-Cola 可口可乐，81

Colgate 高露洁，108–109

Commitment 承诺

 增加，72–74

 水平，64

 与选择，119

 保证购买，65

Community 社区，又见市场社区

 产生的内容，11

 包容性，7

 的群体，37–38

 社会客户关系管理与，136–137

Competition 竞争

 与连通性，15

 水平的，8–10

 潜在竞争，9

Connect + Develop program 宝洁"联系＋发展"战略，15

Connected marketing mix 互联的营销组合，42

Connectivity 连通性

 客户拥护的悖论，21–23

 的好处，20，66

 高度的，16–17

 的影响，14–15

 见多识广／应接不暇的悖论，20–21

 机对机，122

 网民，31–34

 线上／线下的悖论，17–19

 技术视角看待，15–16

 女性，29–31

 年轻人，26–29

Consumer packaged goods 消费性包装品（CPG），79，83，85

Content 内容

 推广，114–115

 由社区产生的，11

 贡献者，33

 创作，33，111–112

 分配，112–114

 评估，115–116

 创意，71

 网络，32

Content marketing 内容营销

 广告内容营销，105–106

 内容推广步骤，114–115

 受众定位步骤，109–110

 内容创作步骤，111–112

 定义，71

 内容分配步骤，112–114

 内容营销评估步骤，115–116

 设立目标步骤，108–109

 内容创意步骤，110–111

 指标，115–116

 概述，104

 计划步骤，110–111

分支，71-72

的社交媒体，104-105

Content Marketing Institute 内容营销机构，108-109，110

Conversations 对话

 与连通性，66

 开展，117

 参与，115

 增进，134

 影响，55

 双向的，105

 监控，94

 依赖，67

 社交能力与，99

 社会 CRM 的，136

Conversion 转化，64-65

Curiosity 好奇心

 定义，70

 等级，64

 激发，70-72

Customer paths 客户路径

 原型，79-86

 终止，72-73

 的复杂性，78-79

 的连通性，67

 数字化/传统整合与，42-43

 体验水平与，57

 5A 路径，49-54

4A 路径，47-48

的灵活性，53-54

的框架，46-51

自然发展，59

线下体验与，19

生产力与，66-67

的形态，29-30

花费的时间，53-54

Customer relationship management 客户关系管理（CRM），129

Customer-rating systems 用户评分系统，41

Customer-service perspective 客户服务方案，42

Customers 客户

 的拥护，21-23

 的关注，21，46

 与品牌，10

 渠道不唯一论，72-74

 交流，20

 社区，38

 好奇心，64

 的决定，53-54

 数字经济中的，38

 分心的，20

 有经验的，57

 起初的买家，129

 5A 模式，49-54

4A 模式，47–48

未来客户，20–21

信息丰富的，20–21

参与营销，40–41

流通性，13–14

多渠道营销，119

他人影响，4

连通时代的，48–49

连通时代之前的，48–49

的购买抉择，10，20

与社群聆听，94

形成社会互联，38

定位，37–38

层级，140–141

女性，29–31

## D

Dash Button/Dash 按钮，18，120

Data capture 数据捕捉，123–124

*Delivering Happiness*《奉上幸福》，113

Deloitte 德勤，130

Demographic changes 人口统计变化，5

Denny's Diner/Denny's 餐厅，99

Detractors 恶评者，22

Digital anthropology 数字人类学

的定义，93

同理心研究方法，96–97

的关注点，93

网络志方法，95–96

社群聆听方法，94–95

Digital economy 数字经济

适应，36–37

共同创造，40–41

的客户，38

的创新，35–36

的市场份额，30–31

YWN，34

Digital marketing 数字营销

共同创造，40–41

引入，37

与传统营销的整合，42–43

向……的转变，37–42

DirecTV，131

Disdus（网站），6

Doritos 多力多滋，100

Dove 多芬，99–100

Dynamic pricing 动态定价，41

## E

Early adopters 尝鲜者，25

Economy 经济，也见数字经济

即时，120–121

分享，41

的变革，4–8

Empathic research 同理心研究，96–97

Engagement marketing 互动营销
　游戏化，137–142
　手机应用，130–133
　社会化 CRM，133–137

Ericsson Mobility Report 爱立信移动市场报告，130

Euromonitor 欧睿，121

European Union 欧盟，4

*The Everything store*《一网打尽》，113

Exclusivity 包容性，4–8

Experiential connectivity 实验性互联，17

Express Financial Centers 美国银行快速服务中心，18

Expressive evangelists 有表现力的传播者，32

## F

F-factors/F 因素，33

Facebook 脸书，3

Febreze 纺必适，15

Financial-service industry 金融服务行业，7

5A（了解、吸引、问询、购买、拥护）
　的创造，48–49
　的客户路径，49
　的灵活性，54
　影响，55–56
　路径，50–53
　转向，51
　的阶段，49–54

Flipkart.com，6

*Food & Wine*《美食与美酒》，111–112

Footprint Chronicles 足迹记事，100

Forrester's Social Technographics 福雷斯特的社会技术分级方法，31–32

4A（了解、态度、行为、再购买）
　的框架，47–48
　的历史，47
　的完善，48–49

4P（产品、价格、渠道、促销），40–42，47

Frost 查理·弗罗斯特，2

## G

G20，3

G7，3

Game changers 变革者，28

Gamification 游戏化，76

的优点，138-139

的应用，137-138

定义，137

确定，139-140

的功能，129

的目标，137

认证与奖励，142

分级，140-141

触发行为，139-140

Gates 比尔·盖茨，3

GE 通用电气，6，71，110

Globalization 全球化，6-9

Goal setting 设定目标，108-109

Godin 塞斯·高汀，38

Google 谷歌，72

Google Calendar 谷歌日历，106

Google Doodle 谷歌涂鸦，98

Grab（打车公司），6

Gray 约翰·格雷，29

## H

Happy Meals 麦当劳开心套餐，142

Hauben 迈克尔·豪本，31

"Have It Your Way" campaign 汉堡王"我选我味"活动，70

Health care 医疗卫生，6

Heineken 喜力，112

Hipmunk 嬉芒网，106

Holistic shoppers 采购主管，31

Household managers 管家，31

Hulu（美国视频网站），15

Human-centered design 人性化设计（HCD），96

Human-centric brands 人性化的品牌

定义，68

热情因素，99-100

智力因素，98

道德因素，101

个性因素，100-101

物质性因素，97-98

社交能力因素，99

Human-centric marketing 人本营销

的优势，93

的定义，92

数字人类学，93-97

## I

iBeacon，18

Ideas Brewery 创意啤酒厂，112

Ideation 创意，110-111

IDEO（公司），96

IKEA 宜家，123

Inclusivity 包容性

城市的，7-8

的发展，4-5

带来的机遇，9-10

社会性，7-8

Indonesia Mengajar 印度尼西亚的 Mengajar，28

Influencer 意见领袖，114

Information collectors 信息收集者，31

InnoCentive，7

Innovation 创新

    新兴市场中的，5-6

    流，8

    的影响，35-36

    相关开支，5-6

    反过来，6

Instagram，16

Intellectuality 智力，98

Internet 互联网

    品牌好奇心与，71

    的市民，见网民

        相关内容，31-34

    的衍生产品，16

    的影响，11

    移动互联网，36

    带来的权力转移，3

    的透明性，6

Internet Advertising Bureau 英国互联网广告局，133

Internet Retailer portal 互联网零售商门户，120

iPod，27

iTunes，36

## J

J. D. Power（咨询公司），76

Jiang Jia 蒋甲，144

John Lewis's sofa studio 约翰-路易斯沙发工坊，18

Joox（音乐流媒体），28

## K

Kaz，15

Knorr 家乐，101

Knowledge automation 人工智能，35

Kozinets 罗伯特·柯兹奈斯，95

Krispy Kreme 卡卡圈坊，144

## L

L'Oréal 欧莱雅，132

*Leaders without Titles*《无冕之领袖》，97

LendUp，140，142

Lewis 埃尔默·刘易斯，47

Litan 罗伯特·利坦，5

"The Local List" "本地化名单"，110

Loewenstein 乔治·勒文施泰因，70

Logo adaptations 品牌变体，40

Loyalty（客户）忠诚度

    建立，65

    定义，21

    互连时代的，48–49

    互连时代之前的，48–49

    计划，137

    被重新定义，60

    活跃的，51

## M

M-Pesa（一家移动支付服务商），7

Mac 400，6

Macy's 梅西百货，87

    的高科技界面，18

    的多种渠道，119

    的线上线下整合，74

Makeup Genius 化妆天才，132

Market community 社区营销

    活动，57

    的内容，11，71

    的影响，55

    要确保的，72

MarkPlus Insight，31

Market share 市场份额，31

Marketers 营销人员

    的营销方法，119

    可采用的方式，73

    B2B 行业与，85

    最佳案例，87–88

    品牌喜爱度与，56

    零售商，121

    与连通性，15

    对内容的定义，105

    利用转化率，64–65

    在数字经济转型中的，36

    未来的客户问题，20–21，27

    售后体验与，57，74–75

    初级市场，26

    的承诺，39

    的调研，131

    与热点，29

Marketing 营销，见内容营销和多渠道营销

*Marketing 3.0: From Products to Customers to the Human Spirit*《营销3.0：从产品到顾客，再到人文精神》，36–37

*Marketing to Women Around the World*《面向世界女性的营销》，29

MassMutual 万通，96

MasterCard 万事达，112

McDonald's 麦当劳，22，142

MDLive（一款医疗服务应用），133

Media 媒体，也见社交媒体

渠道，71-72
　　获得，71-72，113，114
　　自有，113
　　付费，72，113-114
　　互为补充，19
　　最有效的，46-47
Memorable brands 容易被记住的品牌，50
*The Message* 通用电气的科幻播客"信息"，71
Metrics 指标
　　行动力，115，116
　　拥护/了解，115
　　内容营销的，115-116
　　转化率，64-65
　　PAR/BAR，60-66
　　相关度，115
　　搜索度，115-116
　　分享性，115，116
　　能见度，115-116
Microsoft 微软，3
Mind-share 心灵份额，31
MMI Connect 奥迪的多媒体交互系统软件，131
Mobile commerce 移动商务，120-121
Mobile connectivity 移动互联性，16-17

Modi 纳伦德拉·莫迪，4
Morality 道德，101
MTV，39-40，98
Museum of Marketing 营销博物馆，Ⅶ
Musk 埃隆·马斯克，69

## N

Native advertising 本地的媒体，72
Net Promoter Score 净推荐值，21
Netflix 网飞
　　数字技术与，35-36
　　尝鲜者，27
　　的影响，15
Netizen 网民
　　的特征，31-34
　　连接，32
　　5A 与，49
　　的影响力，25-26
　　的角色，31
Netnography 网络志，95-96
*New York Times*《纽约时报》，112
NFC tags 近场通讯标签，122
NM Incite，133

## O

O Zone/O 区域，54-57
Obama 贝拉克·奥巴马，4

OCBC 华侨银行，76

Offline business 线下商务
　浏览，121–122
　的连通性，17–19
　的线上渠道，122–123
　传感器技术，121–122

Omnichannel marketing/ 多渠道营销，73–74
　的方面，73
　的渠道，124–128
　的定义，119
　兴起，118–124
　的触点，124–128
　的趋势，120–123

Online business 线上商务，17–19，138

OPPO，9

Oral Care Center 高露洁口腔护理中心，108–109

Orbitz（在线旅游网站），142

Orbucks，142

OECD 经济合作与发展组织，35

Other's influence 他人影响，54–57，67

Outer influence 外部影响，54–57，67

OTC 非处方药，83

Own influence 自我影响，54–57

## P

PAR，见购买行动率

Pareto principle 帕累托法则，127

Passives 被动者，22

Patagonia 巴塔哥尼亚，100

Patients Beyond Borders 跨国病患，6

Peer-to-peer conversations 个体对话，47

Personability 个性，100–101

Pew Research Center 皮尤研究中心，30，130，137

Physical channels 实体渠道，18

Physicality 物质性，97–98

Piaget 让·皮亚杰，70

Picture Destinations 图片导航，131

Planning 计划，110–111

PlayMoolah，76

Pokémon Go 精灵宝可梦 Go，130

Political influences 政治影响，5

Power shifts 权力转交，2–3，4–8

Power structure 权力结构
　极权化，4–5
　多边的，5–7
　转移，2–4

Pricing 定价，40

P&G 宝洁，8，15

Product development 产品开发，6

Productivity 营销生产力，66—67

Promoters 推荐者，21

Promotion 促销，41—42

Prompted advocacy 改善拥护度，22

Purchase action 购买行为，61

Purchase action ratio 购买行动率（PAR）

　　分解，62—66

　　定义，60—62

　　提高，67

　　的价值，62

## Q

Qatar Airways 卡塔尔航空，88

## R

Reichheld 弗雷德里克·赖克霍德，21

Relatability Metrics 相关度指标，115

Return on equity 净资产收益率（ROE），61

Return on marketing investment 营销投资回报率（ROMI），62

RFID tags 无线射频识别标签，122

Ritz-Carlton 丽嘉酒店，75

RockCorps（志愿者平台），28

Roddick 阿尼塔·罗迪克，68

Rucker 德里克·罗克尔，47

## S

Sampson 斯蒂芬·桑普森，97

Search metrics 搜索度指标，115

Segmentation 细分，37—38

Senior citizens 年长的人，25

Sence-and-respond capabilities 感知与反馈能力，135

Sensor technologies 感应技术，121

Sephora 丝芙兰，11，141

Share metrics 分享性指标，115，116

Sharing economy 分享经济，41

shopBeacon 购物灯，18

Showrooming 展厅销售/现象

　　大数据分析，123—124

　　的发展，118—119

　　的经验，122—123

　　的线上渠道，122—123

　　的趋势，122—123

Singapore Airlines 新加坡航空，88

Skype，3

Skytrax（咨询公司），88

Smartphones 智能手机，16

Sociability 社交能力，99

Social circles 社交圈子，4

Social connectivity 社交连通性，14—17

Social CRM 社会化 CRM（社会化客户关系管理）

综述，133–134

社交媒体营销与，134–135

步骤，135–137

用途，134

Social Inclusivity 社会包容，7–8

Social listening 社群聆听，94–95，135

Social media 社交媒体

的内容营销，104

的社会化客户关系管理，135

客户互动，76

的影响，7

营销，134–135

监控，95

兴起，133

影响下的购买，10–11

的屏幕便捷，16

Society of Grownups 成年社群，96–97

SoLoMo（社交化、定位化、移动化），132

Sony 索尼，3

Spontaneous brand advocacy 自发的品牌拥护，22

Spotify，15，28，36

Starbucks 星巴克，22

Starbucks Reward program 星巴克奖励机制，76，140

Startup: Education 启动：教育，3

Subcultures 亚文化，25

# T

*Tailwind*《顺风》，106

Targeting 定位，38

Tata Nano 塔塔车，5

Technology 技术

适应期，36–37

的连通性，15–16

带来的困境，36

带来的经济发展，35–36

传感器，121–122

Tesco 乐购，122–123

Tesla 特斯拉，69，98

Tesla 尼古拉·特斯拉，98

Tiering 分级，140–141

*Time* Inc.《时代》公司，71，111–112

*Time* magazine《时代》杂志，4

Touchpoints 触点

关键，46–47

找出，126–127

的管理，73–74

描绘，124–126

数量，78–79

Toyota Financial Services 丰田金融服务，130

Transparency 透明性，6，104

*Travel + Leisure*《悦旅》，111

Trends 潮流趋势

 迎接，11

 多渠道营销，119-120

 与青年，27-28

Trendsetters 潮流和趋势的引领者，27

TripAdvisor（猫途鹰），16，41-42，138

TrueView，106

Twitter 推特，3，16，19，135

*Txchnologist*，71，110

## U

Uber 优步，6，9，140

Ubud 巴厘岛乌布，Ⅶ

"Ultrasound" advertisement "超声" 广告，100

UMTS Forum 通用移动通信系统论坛，11

Unilever 联合利华，8

Unilever Sustainable Living Plan 联合利华可持续发展计划，101

UNPFA 联合国人口基金，26

United States of Facebook 脸书合众国，3

## V

*Variety* magazine《综艺》杂志，3

VIB（丝芙兰会员级别），141

Visibility metrics 能见度指标，115

## W

Walgreens 沃尔格林，76，130-131，133

Wall's 和路雪，101

Walmart 沃尔玛，119-120

WE.org（一个组织），28

Wearables 可穿戴设备，121

Webrooming 反展厅，118-119，121-122

"WE Day" concerts / "WE Day" 演唱会，28

Wikipedia 维基百科，7

Women 女性

 的财政地位，25

 的影响力，29

 与男性的心理差异，29

 角色，29-30

 的购物习惯，30

WOW moments / WOW 惊叹时刻，144-146

## X

Xiaomi 小米，9

## Y

Yelp，16，41-42

YouGov BrandIndex 舆观品牌指数，22

Youth 年轻人
  的品牌拥护，25
  特点，26-29
  人权运动，28

YouTube，3，28，106

YWN（青年、女性、网民），24-26
  的品牌拥护，24-26
  留下印象，26
  的影响，55
  的研究，34

## Z

Zappos
  电话客服中心，75
  客户呼叫记录，99
  的创新能力，3
  的定制化，18
  出版物，113

Zero Moment of Truth 即刻知道真相（ZMOT），72

Zuckerberg 马克·扎克伯格，3

# 科特勒新营销系列

| 书号 | 书名 | 定价 | 作者 |
| --- | --- | --- | --- |
| 978-7-111-71337-1 | 营销革命5.0：以人为本的技术 | 69.00 | (美) 菲利普·科特勒 |
| 978-7-111-66272-3 | 什么是营销 | 69.00 | 曹虎 王赛 科特勒咨询集团(中国) |
| 978-7-111-62454-7 | 菲利普·科特勒传:世界皆营销 | 69.00 | (美) 菲利普·科特勒 |
| 978-7-111-63264-1 | 米尔顿·科特勒传:奋斗或死亡 | 79.00 | (美) 菲利普·科特勒 |
| 978-7-111-58599-2 | 营销革命4.0:从传统到数字 | 45.00 | (美) 菲利普·科特勒 |
| 978-7-111-61974-1 | 营销革命3.0:从价值到价值观的营销(轻携版) | 59.00 | (美) 菲利普·科特勒 |
| 978-7-111-61739-6 | 水平营销:突破性创意的探寻法(轻携版) | 59.00 | (美) 菲利普·科特勒 |
| 978-7-111-55638-1 | 数字时代的营销战略 | 99.00 | (美) 艾拉·考夫曼 (中) 曹虎 王赛 乔林 |

# 推荐阅读

### 关键跃升：新任管理者成事的底层逻辑

从"自己完成任务"跃升到"通过别人完成任务"，你不可不知的道理、方法和工具，一次性全部给到你

### 底层逻辑：看清这个世界的底牌

为你准备一整套思维框架，助你启动"开挂人生"

### 底层逻辑2：理解商业世界的本质

带你升维思考，看透商业的本质

### 进化的力量

提炼个人和企业发展的8个新机遇，帮助你疯狂进化！

### 进化的力量2：寻找不确定性中的确定性

抵御寒气，把确定性传递给每一个人

### 进化的力量3

有策略地行动，无止境地进化